FRENCH SHORT STORIES FOR BEGINNERS

20 Captivating Short Stories to Learn French & Grow Your Vocabulary the Fun Way!

Easy French Stories

Lingo Mastery

www.LingoMastery.com

ISBN-13:978-1721566983

Copyright © 2018 by Lingo Mastery

ALL RIGHTS RESERVED

No part of this book may be reproduced, stored in a retrieval system, or transmitted in any form or by any means, electronic, mechanical, photocopying, recording, scanning, or otherwise, without the prior written permission of the publisher.

CONTENTS

Introduction 9

Chapter One: Basic Vocabulary 15
    Résumé de l'histoire 19
    Summary of the Story 19
    Vocabulary 20
    Questions About the Story 22
        Answers 23

Chapter Two: Time & Units 24
    Résumé de l'histoire 27
    Summary of the Story 27
    Vocabulary 28
    Questions About the Story 30
        Answers 31

Chapter Three: Basic Introductions & Simple Conversations 32
    Résumé de l'histoire 36
    Summary of the Story 36
    Vocabulary 37
    Questions About the Story 39
        Answers 40

Chapter Four: Pronouns 41
    Résumé de l'histoire 44

    Summary of the Story 44

    Vocabulary 45

    Questions About the Story 47

        Answers 48

Chapter Five: Numbers 49

    Résumé de l'histoire 53

    Summary of the Story 53

    Vocabulary 54

    Questions About the Story 56

        Answers 57

Chapter Six: Adjectives 58

    Résumé de l'histoire 61

    Summary of the Story 61

    Vocabulary 62

    Questions About the Story 64

        Answers 65

Chapter Seven: Verbs (Infinitive) 66

    Résumé de l'histoire 70

    Summary of the Story 70

    Vocabulary 71

    Questions About the Story 74

        Answers 75

Chapter Eight: Adverbs 76

    Résumé de l'histoire 80

Summary of the Story 80
Vocabulary 81
Questions About the Story 83
   Answers 84

Chapter Nine: Directions 85
Résumé de l'histoire 89
Summary of the Story 89
Vocabulary 90
Questions About the Story 92
   Answers 93

Chapter Ten: Formal and Informal Conversations 94
Résumé de l'histoire 97
Summary of the Story 97
Vocabulary 98
Questions About the Story 100
   Answers 101

Chapter Eleven: Time, Date and Weather 102
Résumé de l'histoire 105
Summary of the Story 105
Vocabulary 106
Questions About the Story 108
   Answers 109

Chapter Twelve: Food and Drinks 110
Résumé de l'histoire 114

Summary of the Story 114

Vocabulary 115

Questions About the Story 118

Answers 119

Chapter Thirteen: Professions and Hobbies 120

Résumé de l'histoire 123

Summary of the Story 123

Vocabulary 124

Questions About the Story 126

Answers 127

Chapter Fourteen: Action Verbs 128

Résumé de l'histoire 132

Summary of the Story 132

Vocabulary 133

Questions About the Story 135

Answers 136

Chapter Fifteen: Masculine / Feminine 137

Résumé de l'histoire 140

Summary of the Story 140

Vocabulary 141

Questions About the Story 143

Answers 144

Chapter Sixteen: Homonyms and Homophones 145

Résumé de l'histoire 148

    Summary of the Story 148

    Vocabulary.. 149

    Questions About the Story 151

        Answers 152

Chapter Seventeen: Past and Future 153

    Résumé de l'histoire 157

    Summary of the Story 157

    Vocabulary.. 158

    Questions About the Story 161

        Answers 162

Chapter Eighteen: Shopping and Ordering 163

    Résumé de l'histoire 166

    Summary of the Story 166

    Vocabulary.. 167

    Questions About the Story 169

        Answers 170

Chapter Nineteen: Everyday Tasks 171

    Résumé de l'histoire 174

    Summary of the Story 174

    Vocabulary.. 175

    Questions About the Story 177

        Answers 178

Chapter Twenty: Basic Vocabulary Part 2 179

    Résumé de l'histoire 182

Summary of the Story 182
Vocabulary 183
Questions About the Story 185
    Answers 186
Conclusion 187

INTRODUCTION

So you want to learn French? That's awesome! French is a Romance language spoken by over 270 million people around the world and is expected to grow to approximately 500 million by 2025.

The French language descended from the Vulgar Latin of the Roman Empire, as did all the Romance languages. French is spoken as an official language in France, Canadian provinces of Quebec, Ontario, New Brunswick, Congo, Madagascar, Cameroon, Ivory Coast, Belgium, Switzerland and Monaco to name a few. In total, 29 countries list French as an official language.

It may be important to note at this point that having a basic to intermediate level of French may be an important tool for your professional future, as well as opening several doors for you on your resume if you feel the need to either migrate or work in a multi-cultural environment.

What the following book is about

We've written this book to cover an important issue that seems to affect every new learner of the French language — a lack of helpful reading material. While in English you may encounter tons (or gigabytes, in our modern terms) of easy and accessible learning material, in French you will usually and promptly be given tough literature to read by your teachers, and you will soon find yourself consulting your dictionary more than you'd want to. Eventually, you'll find yourself bored and uninterested in continuing, and your initially positive outlook may soon turn sour.

There's something you must understand: French isn't an easy language, but it isn't a horribly difficult one either. You just need to make an effort in identifying your flaws and weaknesses, and having this book is a definite good start.

Our goal with this book will be to supply you with useful, entertaining, helpful and challenging material that will not only allow you to learn the language but also help you pass the time and make the experience less formal and more fun — like any particular lesson should be. We will not bore you with grammatical notes, spelling or structure: the book has been well-written and revised to ensure that it covers those aspects without having to explain them in unnecessarily complicated rules like textbooks do.

If you've ever learned a new language through conversational methods, teachers will typically just ask you to practice speaking. Here, we'll teach you writing and reading French with stories. You'll both learn how to read it *and* write it with the additional tools we'll give you at the end of each story.

How *French Short Stories for Beginners* has been laid out

We want to help you read stories and understand each aspect of the language in the most entertaining way, so we've compiled a series of tales which will each cover a particular tool of the language. Each story will tell a different tale involving unique, deep characters with their own personalities and conflicts while ensuring that you understand the objective of the particular language device in French. Verbs, Pronouns, Nouns, Directions, Time and Date; all of it will be covered in this **Basic-level** book for **Beginners.** At no point will we introduce concepts too difficult for you to grasp, and any complicated vocabulary will be studied at the end of each story.

The stories have been written in a way that will allow you to:
a) Read the story without any distractions, paying attention solely to the plot of the tale without making special emphasis on distracting elements.
b) Interpret the tale you just read with the use of two summaries — one in English so that you may ensure you understood what the tale was about and can go back to it if there was something you didn't understand properly; and another in French for when you start to dominate the language a bit better, allowing you to create your own summary for the book later on.
c) Understand the related terms expressed throughout the story with the use of a list of vocabulary that will give you important definitions and clear up any doubts you may have acquired.
d) Last but not least: ensure you have understood what you've read by providing you with a list of simple-choice questions based on the story, with a list of answers below if you want to corroborate your choices.

All of this will ensure absolute efficiency in not only reading the stories, but in understanding and interpreting them once you're done. It is **absolutely normal** that you may find certain terms unknown to your knowledge of the language, and it is **equally normal** that sometimes you may ultimately not entirely understand what the story is about. We're here to *help* you, in any way we can.

Recommendations for readers of *French Short Stories for Beginners*

Before we allow you to begin reading, we have a quick list of recommendations, tips and tricks for getting the best out of this book.

1. Read the stories without any pressure: feel free to return to parts you didn't understand and take breaks when necessary. This is like any fantasy, romance or sci-fi book you'd pick up, except with different goals.
2. Feel free to use any external material to make your experience more complete: while we've provided you with plenty of data to help you learn, you may feel obliged to look at textbooks or search for more helpful texts on the internet — do not think twice about doing so! We even recommend it.
3. Find other people to learn with: while learning can be fun on your own, it definitely helps to have friends or family joining you on the tough journey of learning a new language. Find a like-minded person to accompany you in this experience, and you may soon find yourself competing to see who can learn the most!
4. Try writing your own stories once you're done: all of the material in this book is made for you to learn not only how to read, but how to write as well. Liked what you read? Try writing your own story now, and see what people think about it!
5. Try reading and listening to the audiobook at the same time! If you don't have an Audible account yet, you can actually get it for free ($25 value!) if you go here: **geni.us/gv0t5**

FREE BOOK!

Free Book Reveals The 6 Step Blueprint That Took Students **From Language Learners To Fluent In 3 Months**

One last thing before we start. If you haven't already, head over to **LingoMastery.com/hacks** and grab a copy of our free Lingo Hacks book that will teach you the important secrets that you need to know to become fluent in a language as fast as possible. Again, you can find the free book over at **LingoMastery.com/hacks**.

Good luck, reader!

Chapter One
BASIC VOCABULARY

En route pour les vacances d'été – On the Road to Summer Vacation

C'est tous les ans la même chose. Maurice, le **père**, passe trois jours à préparer la **voiture** et vérifier que tout va bien, qu'elle est en bon état et que le véhicule ne tombera pas **en panne** le long de la **route**. Françoise, la **mère**, consacre une semaine à laver le linge et préparer les **valises.** Ce sont les **enfants**, Jules et Lucie, qui sont responsables de la préparation du pique-nique pour la route.

Six **heures** de voyage pour conduire de Paris à Nice sur la Côte d'Azur, c'est **long** ! Et sur l'Autoroute pendant l'été, pris dans les **bouchons**, c'est très très très long. Rien d'autre à voir que la route et des milliers de vacanciers qui descendent vers les **plages** au **soleil**.

Cette **année**, la famille n'a trouvé personne pour garder le **chien** Félix, alors il part en **vacances** avec tout le monde ! Comment va-t-il supporter ces six heures de route ? C'est un grand **mystère**.

Cette fois ça y est. Tout le monde est prêt. Le chien aussi. Il est 7 heures du matin. Il est **tôt**. Le **papa** veut partir de bonne heure, car il préfère conduire quand il fait encore frais. Les valises sont dans le **coffre**, la **famille** dans la voiture, le chien dans son panier à l'arrière et le pique-nique au frais. **En route !**

Deux heures plus tard… Tuuut, tut ! Ça y est. Le concert des klaxons dans les **embouteillages**. Ça commençait pourtant **bien** :

les Dubois étaient sortis de la capitale sans trop de problèmes, mais depuis l'autoroute, c'est l'**enfer**. On dirait que tout le monde a décidé de partir dans la même direction, au même moment, et de commencer ses **congés** avec une journée d'horreur de bouchons sous la **canicule** !

– Oh oh... Maman ? Je crois que Félix a envie de **faire pipi**, dit Lucie.

– Quoi ? Tu ne lui as pas fait faire avant de partir ?! répond la mère.

– Si, mais ça fait deux heures ! C'est un chien, pas une **machine** ! s'exclame la fille.

– Je savais qu'emmener ce chien en vacances serait un **problème**. Je savais qu'il créerait des **ennuis**, intervient le père.

– Bon bon. Très bien. De toute façon, on est immobilisés. Maurice, **arrête**-toi sur la prochaine aire d'autoroute, dit Françoise.

– Ce serait volontiers, mais la prochaine aire d'autoroute est à 30 **kilomètres**. À ce rythme-là, on n'y sera pas avant 30 minutes. Je ne crois pas qu'il tiendra jusque là, se plaint le père.

– Bon, alors prends la **prochaine sortie**. Là, il y a un **village** indiqué sur la **droite** dans 200 **mètres**, tranche la mère de famille.

Maurice quitte donc l'autoroute en direction du premier village, pour faire sortir le chien. La voiture s'arrête sur une charmante petite place entourée d'**arbres**, où les **grands-pères** discutent assis sur les bancs. Tout le monde descend de la voiture pour se détendre les **jambes** et laisser le chien se soulager.

– Et si on allait prendre le **petit-déjeuner** dans ce **café** de la place ? propose Jules.

– Oh oui ! J'ai **faim** ! dit Lucie.

– Pourquoi pas après tout, ça nous fera une **pause**. D'accord Maurice ? dit la maman.

– Allez. D'accord. J'ai faim aussi ! dit le père en s'élançant vers le petit café de la place du village. Deux cafés, deux jus d'orange et une montagne de croissants, s'il vous plaît !

Après un petit-déjeuner très nourrissant, la famille semble décidée à reprendre la route. La maman **paie**, et au moment de remonter dans la voiture, le chien se sauve et part en courant en direction d'un petit **chemin**. Les enfants **courent** derrière lui, et les parents courent derrière les enfants ! Tout le monde arrive en haut d'une petite **colline**, avec un belvédère et un superbe point de vue sur le village, le clocher de l'église et la **vallée**.

– Wow ! Quel **spectacle** ! s'exclament les parents.

– Félix ! Te voilà ! Dis donc, tu nous as amenés vers un joli petit coin ! C'est chouette ici, lui dit Lucie.

La famille en profite pour reprendre son souffle et faire quelques photos devant le **paysage** de la jolie vallée et ses **vignes**, puis **redescend** doucement vers le village et la voiture.

Ils reprennent la route…

Il est **midi**. La famille Dubois devrait bientôt être arrivée à destination, mais à cause des embouteillages sur la route, des **accidents**, et des escapades du chien… ils ne sont qu'à mi-chemin.

– On arrive **bientôt** ? Je suis **fatigué**, se plaint Jules.

– Non, Jules. Il nous reste 300 kilomètres, soupirent les parents.

– Aaaah ! Le chien a **vomi** sur moi ! Beurk ! Il doit avoir le **mal de la route** ! **Au secours** ! hurle Lucie.

– Beurk c'est **dégoûtant** ! ricane son frère Jules.

– Vraiment c'est charmant, dit Maurice. J'ai compris, je vais m'**arrêter.**

La voiture tourne et prend la direction d'un petit village de Provence. La mère propose à son mari de se garer devant une petite **boutique** locale, avec une **jolie fontaine** où Lucie pourra

laver ses **vêtements** sales.

La jeune fille sort en portant le chien et se dirige vers la fontaine pour faire sa toilette. Maurice en profite pour faire quelques exercices pour détendre son dos et **manger** le restant de son sandwich du **repas** de midi. Pendant ce temps, Françoise se promène dans la boutique et fait un peu de **lèche-vitrine** : la boutique vend des souvenirs de Provence, du **savon** de Marseille, de la **lavande**, des olives, de jolis tissus, des **fleurs** séchées… Elle **fait** le plein de souvenirs et de **produits du terroir**, et **achète** quelques **bonbons** à la lavande. Le **garçon**, Jules, **mange** des **abricots** que la **vendeuse** du magasin lui a donnés.

Pendant que Lucie **nettoie** ses vêtements et Félix, elle remarque une **plaque** gravée en latin sur la fontaine. La **dame** de la boutique s'**approche** et lui dit : « Il est **écrit** que Jules César a **bu** dans cette fontaine lorsqu'il a **traversé** la Gaule ! Cette fontaine est un vrai **trésor** archéologique ! Elle a été **construite** par les Romains en garnison ici. »

— Wow, tu as entendu ça maman ? Jules César a bu ici !

Maurice s'approche et vient se **rafraîchir** à la fontaine : « Eh bien, **si** c'est **bon** pour Jules César, c'est bon pour Maurice Dubois ! »

Toute la famille **rit de bon cœur**, rejointe par les éclats de rire de la **gentille** vendeuse.

Vous **voyez** qu'on a bien fait d'**emmener** le chien finalement. Grâce à Félix, contrairement aux autres années, nous n'avons pas entièrement perdu cette **journée** de voyage. Le chien nous a **donné** l'occasion de faire un super petit-déjeuner dans un village historique, de **voir** un panorama magnifique, de faire le plein de souvenirs de vacances, de **goûter** de délicieux produits locaux, de faire un peu d'archéologie et de rencontrer des **gens** aussi charmants que cette vendeuse. Même papa se sent **comme** Jules César aujourd'hui !

Résumé de l'histoire

Une famille part vers le sud de la France, à l'occasion des vacances d'été. Tout le monde prend la route à bord de la voiture, se préparant à passer une journée pénible de bouchons, de chaleur, d'ennui et de stress, avant de pouvoir profiter des plages et de la mer. Mais cette année, il y a un nouveau vacancier à bord : le chien Félix, dont la présence réservera de belles surprises à la famille le long de sa route vers les vacances.

Summary of the Story

Summer vacation is finally here. A family hits the road, headed to the South of France. Everybody is ready, but this trip is going to be a nightmare: heat, stress, traffic jams and boredom are on the menu before they can finally enjoy the beach. But this year, for the first time, there is a new passenger on board: Felix, the family dog, whose presence will bring a lot of surprises to the family along the road.

Vocabulary

- **abricot** : apricot
- **achète** : acheter – to buy
- **année**: year
- **approche** : coming closer
- **arbre**: tree
- **arrête** : arrêter — to stop
- **au secours !** : help!
- **bien** : good
- **bientôt**: soon
- **bon/bonne** : good
- **bonbons**: candies
- **bouchon** : traffic jam
- **boutique** : shop
- **bu**: boire – to drink
- **café**: coffee/café (hot beverage or place to have drinks)
- **canicule** : heat wave
- **chien/chienne** : dog
- **coffre** : trunk
- **colline**: hill
- **comme** : as, like
- **congés**: holidays, vacation, day off
- **construite**: construire – to build
- **courent**: courir, to run
- **dame**: lady
- **dégoûtant/dégoûtante** : disgusting
- **donné** : donner — to give
- **droit/droite** : right direction
- **écrit**: écrire — to write
- **embouteillage** : traffic jam
- **emmener** : to take (something or someone) to a destination
- **en panne**: out of order
- **en route!** : let's hit the road!
- **enfant** : kid, child
- **enfer** : hell
- **ennui**: trouble
- **faim** : hunger
- **fait** : faire – to do
- **famille**: family
- **fatigué/fatiguée** : tired
- **fleur**: flower
- **fontaine** : fountain
- **garçon**: boy
- **gens**: people
- **gentil/gentille** : nice, kind, sweet
- **goûter**: to taste
- **grand-père**: grandfather
- **heure** : hour
- **jambe** : leg
- **joli/jolie** : pretty
- **journée**: day
- **kilomètre**: kilometer
- **lavande** : lavender
- **laver**: to wash
- **lèche-vitrine**: window-

shopping
- **mal de la route :** road sickness
- **manger:** to eat
- **mère:** mother
- **mètre:** meter
- **midi :** noon
- **mystère:** mystery
- **nettoie:** nettoyer – to clean something up, to wash
- **paie:** payer – to pay
- **papa:** daddy
- **pause:** a break, time off
- **paysage:** landscape
- **père:** father
- **petit/petite :** small
- **chemin:** path
- **petit-déjeûner:** breakfast
- **pipi:** wee-wee
- **plage:** beach
- **plaque:** plate
- **problème :** issue, problem
- **prochain/prochaine :** next
- **produits du terroir :** local products
- **rafraîchir:** to refresh, to cool down
- **redescend:** redescendre – getting down
- **repas:** meal
- **rit de bon cœur :** rire de bon cœur – to laugh whole heartedly
- **route:** road
- **savon:** soap
- **si :** if
- **soleil :** sun
- **sortie :** exit
- **spectacle:** show
- **tôt :** early
- **traversé :** traverser – to cross
- **trésor:** treasure
- **vacances :** holidays, vacation
- **valise :** suitcase, luggage
- **vallée :** valley
- **vendeur/vendeuse :** seller, shop clerk
- **vêtement:** clothes
- **vignes :** vineyard, vines
- **voir :** to see
- **voiture:** car, automobile
- **vomi :** vomir – to vomit
- **voyez:** voir – to see

Questions About the Story

1. **Qui est Maurice ?**
   a) Maurice est le chien
   b) Maurice est le père de Jules et Lucie
   c) Maurice est le nom du premier village

2. **Pourquoi ce voyage est-il différent des autres années ?**
   a) Ils ne prennent pas le train
   b) Il fait très chaud
   c) Parce que le chien vient en vacances

3. **Pourquoi la famille s'arrête-t-elle la première fois ?**
   a) Parce qu'ils ont faim
   b) Parce qu'ils ont soif
   c) Parce que Félix veut faire pipi

4. **Qu'est-ce que la vendeuse donne à Jules ?**
   a) Des abricots
   b) Des bonbons
   c) De la lavande

5. **Quel personnage célèbre a bu dans la fontaine ?**
   a) Charlemagne
   b) Jules César
   c) Vercingétorix

Answers

1) B
2) C
3) C
4) A
5) B

Chapter Two

TIME & UNITS

L'organisation du mariage – The Wedding Plans

    Claire et Marc ont prévu de se marier. Lorsqu'ils ont annoncé la grande nouvelle à la mère de Claire, Monique, il y a un an, celle-ci leur a proposé de prendre en charge l'organisation du mariage. Jeune retraitée, Monique avait peur de s'ennuyer, et a pensé que s'occuper de préparer le mariage de sa fille serait une excellente occasion de lui montrer son affection et aussi de rester active pendant sa **retraite**. Trois **mois** avant le mariage, Monique et Claire se retrouvent au restaurant à l'occasion d'un **déjeuner** pour discuter des préparatifs et faire le point avant le grand jour.

    – Bonjour **ma chérie**, comment vas-tu ? Demande Monique, empressée.
    – Très bien et toi, **maman** ?
    – Oh je suis complètement **débordée** ! Je n'ai pas une **minute** à moi avec l'organisation de ton mariage !
    – Si c'est trop pour toi je peux t'aider, tu sais. Tu n'es pas obligée de tout faire **seule.**
    – Eh bien écoute, j'aimerais que tu m'accompagnes chez le **traiteur** pour une dégustation **demain.** J'ai téléphoné **hier,** mais il m'a seulement rappelée **aujourd'hui** pour me dire que le rendez-vous aurait lieu demain ! Cela ne nous laisse pas beaucoup de temps pour nous organiser.
    – **Déjà ?!** Je vais m'arranger pour me libérer demain.

– Je me disais justement que comme il faut **aller là-bas** et faire 100 **kilomètres**, nous pourrions aller voir le fleuriste, dont le magasin est juste à quelques **mètres**, pour choisir les fleurs. Nous pourrions faire la dégustation le **matin**, voir le fleuriste l'**après-midi** et choisir la décoration dans le catalogue le **soir**.

– Eh bien ça va faire une journée au rythme effréné ! Je ne voudrais pas que tu finisses **épuisée** à cause de ce mariage.

– C'est ma décision. Tu es ma fille. Je peux faire ça pour toi, même si je dois y passer mes **jours** et mes **nuits.**

– Heureusement que tu es en bonne santé ! Bon, il faut se consoler en se disant que ça te maintient en forme ! Tu as l'énergie d'une **adolescente**, je ne sais pas **où** tu trouves toute cette énergie.

– **Ne dis pas de bêtises.** J'ai l'impression d'avoir dix **kilos** du **poids** des responsabilités sur les épaules. Je ne suis plus toute **jeune.** Au fait, le photographe m'a dit qu'il avait prévu une **douzaine** de lieux pour les photos. Je me demande si ce n'est pas trop…

– C'est beaucoup trop ! À ce rythme, on n'aura pas une **seconde** pour profiter de la journée !

– Oui, c'est **vrai.**

– Nous avons visité la **salle** l'autre jour, elle est superbe ! J'adore les **couleurs** que tu as choisies pour les nappes. Merci en tout cas de gérer tout ça depuis le **début.** La **date** du mariage arrive **vite** et j'ai l'impression qu'il y a des **milliers** de choses à faire. Je peux t'aider si tu veux.

– Allons, allons, ma **fille.** Je t'adore, mais toi et moi savons qu'il n'y a pas un **gramme** de sens de l'organisation chez toi ! Ce genre d'**événement** demande de savoir gérer un agenda. J'ai même prévu de te **réveiller** le matin du mariage pour que tu ne sois pas **en retard** pour ton rendez-vous chez le coiffeur ! Il y a des centaines de coiffeurs dans cette ville et j'ai eu du mal à en trouver un disponible ce jour-là. À croire qu'ils sont **réservés** eux aussi un **an** à l'avance !

– Je te vois **venir.** Doucement avec le coiffeur. Je ne veux pas y passer des **heures** et ressembler à une **perruche** ! Mon futur mari ne me reconnaîtrait pas.

– Au **contraire.** Je connais bien mon **futur gendre** et je suis convaincue qu'il te reconnaîtrait les **yeux** fermés parmi une foule de **milliers** d'autres femmes. Ce sera le plus beau jour de ta vie, que tu célébreras avec tes **nombreux amis** et ta famille, tous les gens qui t'aiment. Ce sera une journée **formidable**. Je suis ta mère et je veux participer à créer ce moment de bonheur pour toi. Tu t'en souviendras **longtemps.**

– Oh merci maman ! Je le savais déjà **depuis** toujours, mais c'est génial de pouvoir compter sur toi. Si je devais choisir une mère, c'est toi que je choisirais !

– Claire ma chérie, je te préviens. Tu as plutôt intérêt à avoir pris la bonne décision, parce que je n'organiserai ce genre de **course** folle qu'**une seule fois** !

– **Tchin !** À l'amour qui dure toujours alors !

Résumé de l'histoire

Claire va se marier. Elle va épouser Marc. À l'occasion d'un déjeuner, elle retrouve sa mère, qui organise le mariage depuis plus d'un an. Monique, la maman, est absolument débordée par toutes les choses à faire. Elle informe Claire des prochains rendez-vous pour l'organisation du mariage et lui confie ce qui lui donne toute cette énergie.

Summary of the Story

Claire is going to get married. She will become Marc's wife. At lunch time, she meets with her mother Monique, who has been in charge of organizing the wedding for over a year now. She has been very busy with these overwhelming plans. She tells Claire about the next steps and appointments before the big day, and confesses to her daughter about what gives her the strength to deal with the frenzy.

Vocabulary

- **yeux** : eyes
- **adolescent/adolescente** : teenager
- **aller** : to go
- **ami**: friend
- **an**: year
- **après-midi** : afternoon
- **aujourd'hui** : today
- **ne dis pas de bêtises** : don't be foolish
- **centaine**: hundred
- **contraire** : contrary, opposite
- **couleur**: color
- **course**: race
- **date**: date, day
- **débordé/débordée** : overwhelmed
- **début**: beginning
- **déjà**: already
- **déjeuner**: lunch
- **demain** : tomorrow
- **depuis** : since
- **douzaine**: dozen
- **en retard** : late
- **épuisé/épuisée** : exhausted
- **événement**: event
- **fille** : daughter, girl
- **formidable**: awesome, great
- **futur**: future
- **gendre** : son-in-law
- **gramme**: gram
- **heure** : hour
- **hier** : yesterday
- **jeune** : young
- **jour**: day
- **kilomètre**: kilometer
- **kilo**: kilogram
- **là-bas** : over there
- **longtemps**: for a long time
- **mon chéri/ma chérie**: my darling
- **maman**: mummy
- **matin** : morning
- **mètre**: meter
- **millier** : thousand
- **mois** : month
- **nombreux** : many
- **nuit** : night
- **où** : where
- **perruche**: parakeet
- **poids** : weight
- **réservé/réservée** :

booked
- **retraite :** retirement
- **réveiller :** se réveiller – to wake up
- **salle:** room
- **seconde:** second
- **seul/seule :** alone, by themself
- **soir:** evening
- **tchin! :** cheers!
- **traiteur :** caterer
- **une seule fois :** once
- **venir:** to come
- **vite:** fast, quick
- **vrai/vraie :** true

Questions About the Story

1. **Qui est la mère ?**
   a) Claire
   b) Monique
   c) Marc

2. **Depuis combien de temps le mariage est-il prévu ?**
   a) Trois mois
   b) Six mois
   c) Un an

3. **Quel jour aura lieu le rendez-vous avec le traiteur ?**
   a) Hier
   b) Aujourd'hui
   c) Demain

4. **Quel commerçant habite près du traiteur ?**
   a) Le fleuriste
   b) Le photographe
   c) Le coiffeur

5. **Quel est le métier de Monique ?**
   a) Coiffeuse
   b) Organisatrice de mariages
   c) Retraitée

Answers

1) B
2) C
3) C
4) C
5) C

Chapter Three
BASIC INTRODUCTIONS & SIMPLE CONVERSATIONS

La soirée des rencontres – The Speed Dating Evening

Isabelle est très nerveuse à l'idée de participer à cette soirée de **rencontres** à l'aveugle. C'est son amie Agathe qui l'a traînée ici, lassée d'être **célibataire**. Elle n'avait pas du tout envie de venir, mais puisqu'elle est là, autant **jouer le jeu** ! Les deux jeunes filles se dirigent vers le bar et **commandent** un cocktail. Elles ont mis leurs plus belles robes et rient un peu **nerveusement**, entre la gêne et l'excitation. Les **invités** de la soirée ont tous entre 30 et 40 ans. Tout le monde semble un peu nerveux, mais l'**ambiance** est décontractée et **sans chichis**. Les gens semblent être là avant tout pour **se faire des amis**. Personne ne pense rencontrer le grand amour ce soir mais plutôt de nouveaux amis, et élargir son **cercle de connaissances** est toujours **bienvenu**. Il y a des gens qui viennent d'**emménager** dans cette **ville**, des divorcés récents, des gens plutôt de nature **solitaire** mais qui font un effort pour rencontrer du monde...

L'organisateur de la soirée fait une annonce au micro, c'est le début des tours de tables et des **têtes à têtes**. Tout le monde **tire au sort** un numéro et commence la valse des tours de table. Cinq minutes par tête-à-tête. Isabelle se demande bien ce qu'elle va pouvoir **raconter** à ces gens !

– Bonjour. **Enchantée**. Je m'appelle Isabelle.
– Bonsoir Isabelle. **Ravi de faire ta connaissance**, je suis Philippe.

– Alors Philippe, tu as déjà participé à des soirées de ce genre ?

– Non, c'est ma première fois ! J'espère ne pas faire d'erreur d'étiquette !

– Ha ha ! Je ne savais pas qu'il existait une étiquette du speed dating !

– C'est peut-être à cause de mes **études** en histoire : j'ai écrit une thèse sur l'étiquette de Buckingham Palace. Ça m'est **monté à la tête** !

– Non ! Ce n'est pas vrai ! Je suis fan des histoires du **gratin** et de la famille royale ! En revanche, moi, je n'ai pas écrit de thèse.

– Est-ce qu'on doit se **tutoyer** ou se **vouvoyer** ?

– Je ne sais pas. On peut se tutoyer, ça ne me dérange pas.

– Alors ravi de te connaître, Isabelle. Tu travailles ? Quel est ton **métier** ?

– Je suis **institutrice**. Je fais la classe aux jeunes enfants.

– Ah, c'est super ça. Et tu en as, des enfants ?

– J'en ai 25, 5 jours par semaine, 8 heures par jour ! C'est **assez** comme ça.

– Ha ha, je vois ce que tu veux dire ! …

Les 5 minutes sont **écoulées**. Les organisateurs **invitent** les gens à changer de table.

– Bon et bien Philippe, le **compte à rebours** est terminé. Je **file**, mais j'ai été **enchantée** de notre conversation.

– **Moi de même**, Isabelle.

La jeune femme change de table.

– Oh la la, ça passe vite 5 minutes ! **Bonsoir,** mademoiselle. Je m'appelle Henry. **Bienvenue** à ma table.

– Bonsoir Henry. Oui en effet c'est très **rapide**. Isabelle, enchantée.

– La jeune femme avant vous me racontait des **anecdotes** sur ses expériences en labo de chimie, elle était sur le point de me livrer le secret de la **pierre philosophale.**

– Aie ! Je ruine vos chances de devenir riche.

– Ha ha ! Ce n'est pas très **grave.** La richesse est dans le **cœur.**

– C'est une jolie formule. Alors, dites-moi Henry, vous avez des activités en dehors de chercheur d'or ?

– Eh bien oui, je travaillais comme imprimeur, et puis mon entreprise a fermé. J'essaie de me **reconvertir** et j'aimerais devenir pâtissier.

– C'est un très beau métier, mais c'est très difficile.

– Je suis très **gourmand,** ça m'aidera. Vous buvez quelque chose ?

– Je veux bien un autre cocktail. Mais **sans alcool**, sinon je vais perdre le fil de la conversation.

– D'accord. « Un **jus de fruits** pour mademoiselle, **s'il-vous-plaît** », demande-t-il au serveur qui se rapproche.

– Je vous propose notre cocktail sans alcool maison, « la **pépite d'or** », à base de mangue et de clémentine, dit le serveur.

– Décidément ! Isabelle éclate de **rire. Merci** Henry.

– **Je vous en prie**, Isabelle.

– **À votre santé** ! Et aux **chercheurs d'or**, alors !

Isabelle en est à son 6ième tête à tête…

– Bonsoir. **Assieds-toi, je t'en prie.**

– Merci. Bonsoir.

– J'ai entendu que tu t'appelais Isabelle.

– C'est ça. Quel est ton **prénom** ?

– Jean-Claude, 32 ans, **divorcé**, 2 enfants, 1 chien, 2 **poissons rouges**, 6 poules et 1 tortue.

– Eh bien ! Ça, c'est une présentation. Dis donc, tu possèdes une vraie ménagerie !

– C'est mon hobby. J'adore les *animaux*, et je ne sais pas pourquoi, mais tout le monde a tendance à me ramener les animaux qu'ils trouvent ou recueillent. Je vais bientôt construire une **arche**.

– Tu es vétérinaire ?

– Non, je suis **menuisier** ! Rien à voir !

– Au moins tu sauras construire une arche ! Moi, j'ai 26 ans, sans enfant, institutrice, pas de tortue, pas de poisson rouge.

– Tu n'aimes pas les animaux ?

– Non, ce n'est pas ça. Ma famille **habite loin** d'ici, donc tous les week-ends, je pars voir mes parents ou mes sœurs, puis le soir je fais pas mal de sport ou je vais au cinéma ou au théâtre.

– D'accord. Et tu **recherches** quoi ici ?

– Eh bien écoute, rien de précis. Je venais surtout **accompagner** une amie, mais maintenant que tu me dis que tu es menuisier, j'ai besoin de faire construire une bibliothèque pour la classe de mon école !

– Eh bien tu as trouvé !

– Et nous avons une cage avec un hamster dans la classe d'école !

– Ne me dis pas qu'il cherche un foyer d'accueil, la pension affiche **complet**...

Après des heures de conversation, Isabelle et Agathe sont un peu fatiguées. Elles ont passé une très bonne soirée et on fait de belles rencontres amicales : Agathe a trouvé un possible futur fiancé et Isabelle un menuisier pour sa bibliothèque. Toutes les deux se sont fait des amis. Elles sont contentes, **se sont bien amusées**, et décident de rentrer.

Isabelle ouvre la porte à Agathe :

– **Après toi, ma chère.**

– **Je n'en ferai rien. Je t'en prie**, toi d'abord.

– Ha ha. Je crois qu'on a fait une overdose de formules de **politesse** ce soir ! Au moins ces soirées permettent de réviser nos **bonnes manières** et notre **savoir-vivre** !

Résumé de l'histoire

Isabelle accompagne son amie Agathe, qui est célibataire, à une soirée de rencontres à l'aveugle. Au début, Isabelle n'est pas très à l'aise avec la situation. Au fil des rencontres, elle va se détendre et avoir des conversations très amusantes. Pour Isabelle qui ne sort pas souvent, c'est l'occasion de réviser des talents sociaux et de réapprendre à se faire des amis. Les deux femmes vont trouver lors de cette soirée l'homme qu'il leur fallait, mais pas nécessairement pour des raisons romantiques !

Summary of the Story

Isabelle accompanies her friend Agathe, who is single, to a speed-dating event. At first, Isabelle is not very comfortable with the situation. As she meets and discusses with new people, she slowly starts to relax, and ends up having a few very entertaining conversations. Since she doesn't go out much, this event becomes an opportunity for her to improve her social skills and learn how to make friends. Both women will find the man they needed, but not necessarily in the way they expected!

Vocabulary

- **à votre santé :** cheers
- **accompagner :** to accompany
- **activité :** activity
- **ambiance :** ambience, vibe
- **après vous/après toi :** after you
- **arche :** ark (Noah's ark)
- **assez :** enough
- **asseyez-vous/assieds-toi :** sit down
- **bienvenue :** welcome
- **bonne manière :** good manner
- **bonsoir :** good evening
- **célibataire :** single
- **chercheur d'or :** a person who searches for gold
- **cœur :** heart
- **commandent :** commander – to order (a drink)
- **complet :** full
- **compte à rebours :** countdown
- **connaissance :** acquaintance
- **divorcé/divorcée :** divorced
- **emménager :** to move in
- **enchanté/enchantée :** glad to meet you
- **études :** studies
- **file :** filer – to dash out
- **gourmand/gourmande :** greedy
- **gratin :** cheese gratin, or top of the crop
- **habite :** habiter – to inhabit, to live in
- **instituteur/institutrice :** school teacher
- **je n'en ferai rien :** I will do no such thing
- **je t'en prie / je vous en prie :** please
- **jouer le jeu :** to play along, to play the game
- **jus de fruit :** fruit juice
- **loin :** far away
- **mon cher /ma chère :** my dear
- **menuisier :** carpenter
- **merci :** thank you
- **métier :** job

- **moi de même :** me too
- **monté à la tête :** got to someone's head
- **nerveusement :** nervously
- **pépite d'or :** gold nugget
- **pierre philosophale :** philosopher's stone
- **poisson rouge :** goldfish
- **politesse :** politeness
- **prénom :** first name
- **raconter :** to tell a story
- **rapide :** fast
- **ravi de faire votre / ta connaissance :** pleased to meet you
- **recherche :** rechercher – to look for something
- **reconvertir :** se reconvertir - to reorient
- **rencontre :** meeting, encounter
- **rire :** laugh
- **s'il-vous-plaît / s'il-te-plaît :** please
- **sans alcool :** alcohol free
- **sans chichis :** with no fuss, no frills
- **se faire des amis :** to make friends
- **se sont bien amusées :** s'amuser – to have fun
- **solitaire :** solitary
- **tête à tête :** private talk
- **tire au sort :** tirer au sort – to draw lots
- **tutoyer :** to address someone in a familiar manner, using 'tu'
- **ville :** city
- **vouvoyer :** to address someone in a formal manner, using 'vous'

Questions About the Story

1. **Qui a eu l'idée de cette soirée ?**

   a) Isabelle
   b) Philippe
   c) Agathe

2. **Quel est le métier d'Isabelle ?**

   a) Menuisier
   b) Institutrice
   c) Sans emploi

3. **Quelle est la recette de la boisson « Pépite d'or » ?**

   a) Un jus de fruit
   b) Rhum et Jus de mangue
   c) Un cocktail sans alcool

4. **De quoi Isabelle a-t-elle besoin pour son école ?**

   a) Une table
   b) Une bibliothèque
   c) Des chaises

5. **Quel est l'animal qui habite dans la classe d'école d'Isabelle ?**

   a) Une tortue
   b) Des poissons rouges
   c) Un hamster

Answers

1. C
2. B
3. C
4. B
5. C

Chapter Four
PRONOUNS

Le bouc-émissaire – The Scapegoat

Le **chat** aime lécher **la** confiture sur **les tartines** de petit-déjeuner de l'enfant.

Il lui en vole **des** centaines.

– **Je** trouve que **tu** es culotté, le chat ! Crie l'enfant en s'énervant. **Nous** n'allons pas être amis si **tu** continues. **Vous**, les chats, **vous** êtes des **voleurs** ! **Elles** sont à **moi** ces tartines ! **On** va voir **ce** que va dire maman !

La maman entre dans **la** cuisine, alertée par **les** cris de **son** fils :

– Qu'y a-t-il **mon** chéri ? **Pourquoi** ne manges-**tu** pas **tes** tartines ? **Ton** lait va refroidir.

–Ah, mais **je les** mangerais si **Sa Majesté le** chat m'en laissait ! **Notre** matou est un voleur, **il me** prend toutes **mes** tartines. Papa et toi **vous** pouvez prendre **votre** déjeuner tranquillement, mais pour **moi** c'est impossible. **Je** déteste **les** chats, **eux** et **leurs** sales **pattes** !

– Calme-**toi.** Et matou, laisse-**lui** ses tartines ! **Cela** suffit ! **Tu te** contenteras de **tes** croquettes désormais. **Ceci** est **ta punition.** Que **ceux** qui sont témoins de **tes** vols de nourriture **me** préviennent !

– **Tu** as entendu, **matou** ? **Toi, tu** manges **là**, et moi, **ici** ! Il est incroyable **ce** chat... **Ces** animaux sont peut-être **mignons**, mais **leur** obéissance, **ça, c'**est autre chose. **Je** comprends pourquoi **certains** préfèrent **les** chiens.

Les choses reprennent **leur** cours normal. *Le* chat quitte **la** cuisine et part dans **le** jardin. **Le** fils peut finir **ses** tartines **tranquillement**. **La** matinée se passe sans incident, jusqu'à **ce** que…

– Mamaaaaaaaaaan ! Hurle l'enfant.
La mère arrive en courant.

– **Quoi** ? **Que se** passe-t-**il** ? À quoi dois-**je** encore **m'**attendre, **cette** fois ? **Qui** a fait une bêtise ?

– Devine ! **C'est ce maudit** chat. Le matou a volé **mon** cahier d'école et a déchiré toutes **mes** pages de **devoirs** pour en faire des boules de papier !

– Mais enfin à quoi **tu** joues, **le** chat ? Fais-**moi** voir un peu **ce** désastre…

La mère chasse **le** chat et ramasse **les** boules de papier au sol. **Elle se** fige et prend un air sévère, en **s'**adressant à **son** fils :

– Jeune homme, **je me** demande si **je** dois saluer **ta** créativité **ou te** disputer…

Le garçon rougit **un peu**.

– Euh… Comment **ça** maman ? **Je** ne vois pas **où tu** veux en venir… C'est **le** chat **qui**…

– Stop ! Ne dis plus un mot ! **Lequel** de **nous** deux est **le** plus malin, **tu** crois ? **Toi ou moi** ? **Qui** de **nous** deux est l'adulte **ici** ? **Lequel** est un petit garçon **qui** n'a pas fait **ses** devoirs et a eu l'idée d'**accuser le** chat pour pouvoir aller jouer dehors plus vite ? **Ces** boules de papier sont blanches ! **Ce** sont des pages vierges et **tu** n'as pas fait une seule ligne de **tes** devoirs ! Alors, j'ai pour **toi** deux punitions : soit **tu** fais **tes** devoirs tout de suite, **tu** vas nettoyer **la** litière du chat et **lui** remplir **sa** gamelle, soit **tu** fais **tes** devoirs et écris 100 fois « **Je** ne dois pas accuser **le** chat ». **Laquelle** choisis-**tu** ?

— Mais maman ! Tout sauf **ça**. Demande-moi **n'importe quoi** d'autre, mais pas de nettoyer **la** litière. **J'**avoue, **je** voulais aller jouer dehors et ne pas faire **mes** devoirs... mais **ce** chat fait plein de **bêtises** aussi, alors une de plus **ou** de moins ! Demande à **n'importe qui** d'autre de nettoyer **la** litière, mais pas **moi**, **c'**est trop dégoûtant !

— Très bien alors, **il** te reste **les** lignes d'**écriture** ! **Tu** ferais bien de t'**y** mettre tout de suite si **tu** veux avoir un peu de temps pour jouer. Et **j'**ai un conseil pour **toi** : à l'avenir, si **tu** dois accuser **quelqu'un** pour **quelque chose** que **tu** as fait, ne choisis pas **quelqu'un qui** ne peut pas **se** défendre. **Ce** n'est pas très courageux.

— **Je m'**excuse. Pardon. Et **pardon** au chat.

— Pour **la** peine, demain matin, **tu lui** feras **ses** tartines et **tu** partageras **la** confiture avec **lui** ! Et avec **le** sourire !

Comme s'**il** avait compris **la** conversation, **le** chat **se** lèche **les** moustaches et semble avoir l'air satisfait. **Il** sourit, **s'**étire et **s'**en va tranquillement, en balançant **sa** queue en l'air ! **Il s'**en va faire une sieste et rêver à **son** petit déjeuner du lendemain matin !

Résumé de l'histoire

Un petit garçon a du mal à être ami avec le chat de la famille. Il a bien des choses à lui reprocher. Il faut dire que le matou fait beaucoup de bêtises ! Mais le petit garçon va utiliser la mauvaise réputation du chat comme excuse. En qui la mère aura-t-elle le plus confiance ?

Summary of the Story

A little boy has a hard time making friends with the family cat. He blames the cat for many things that happen around the house. That being said, the cat does misbehave quite a lot and is pretty naughty. But the little boy will try to use the cat's misconducts as an alibi for his own mischief. Who is the most trustworthy? The mother will have to pick a side.

Vocabulary

- **le**: the (sing., masc.)
- **la** : the (sing, fem.)
- **les** : the (plur.)
- **l'** : the (sing., when right in front of a vowel)
- **des** : some (plur.)
- **je** : I
- **tu** (informal)**/ vous** (formal)**:** you
- **il /elle** : he/she
- **nous** : we
- **vous** : you (plur.)
- **ils** (masc.)**/elles** (fem.) : them
- **on** : we (informal)
- **mon** (masc.) **/ ma** (fem.) **/ mes** (plur.) : my
- **ton** (masc.) **/ ta** (fem.)**/ tes** (plur.) : your
- **son** (masc.)**/ sa** (fem.)**/ ses** (plur.) : his/her
- **notre** (sing.) **/ nos** (plur.)**:** our
- **votre** (sing.) **/ vos** (plur.) : your
- **leur** (sing.) **/ leurs** (plur.) : their
- **moi** : me
- **toi** : you
- **lui / elle** : him / her
- **eux** : them
- **ceci** : this
- **cela** : that
- **celui** : the person who (masc.)
- **celle** : the person who (fem.)
- **ceux** : the people who (plur.)
- **ici** : here
- **là** : there
- **ce** : it (masc. sing.)
- **ça** : that (neutral sing.)
- **ces** : these
- **certains** : some
- **qui /à qui** : who / to whom
- **quoi / à quoi** : what / to what
- **où** : where
- **ou** : or
- **lequel** (sing. masc.)**/ lesquels** (plur. masc.)**/**

- **laquelle** (sing. fem.) **/ lesquelles** (plur. fem.) : which
- **n'importe qui / n'importe quoi** : anyone / anything
- **quelqu'un / quelque chose** : someone / something
- **accuser** : to blame (someone)
- **bêtise** : bad behavior, foolish act
- **bouc-émissaire** : scapegoat
- **devoir** : homework
- **écriture** : writing
- **matou** : tomcat
- **maudit** : damned
- **mignon** : cute
- **pardon** : sorry
- **patte** : paw
- **pourquoi** : why
- **punition** : punishment
- **sa majesté** : His Majesty
- **tartine** : toast with jam
- **tranquillement** : calmly
- **un peu** : a little, a bit
- **voleur** : thief

Questions About the Story

1. **Que mange le garçon au petit-déjeuner ?**

    a) Des céréales
    b) Des tartines de confiture
    c) Des tartines avec du chocolat

2. **Combien de chats possède la famille ?**

    a) 3
    b) 1
    c) 2

3. **Que reproche le garçon au chat ?**

    a) D'être un voleur
    b) De dormir tout le temps
    c) D'être sale

4. **Qui est coupable pour les devoirs du garçon ?**

    a) Le garçon
    b) Le chat
    c) Le chien

5. **Quelle est la punition donnée par la mère au petit garçon ?**

    a) Il doit faire la vaisselle
    b) Il doit nettoyer la litière
    c) Il doit faire 100 lignes d'écriture

Answers

1) B
2) B
3) A
4) A
5) C

Chapter Five

NUMBERS

L'héritage – The Inheritance

Tout le monde aime aller au restaurant. Un repas avec des amis, c'est toujours **agréable.** Là où les choses se compliquent, c'est au moment de l'**addition**. En France, quand on **partage** un repas au restaurant à deux, il est fréquent que l'un des participants **invite** l'autre. Par contre, ce n'est pas possible quand il y a trop de monde. Alors, faut-il faire des **calculs individuels** ? Faut-il **diviser** ? Faut-il **soustraire** le vin pour ceux qui n'en ont pas pris ? Cela peut **rapidement** devenir un cauchemar diplomatique et **mathématique** ! Je me souviens, un jour, cette situation **amusante** s'est produite à la table d'**à côté**...

– L'addition, s'il-vous-plaît ! L'addition !

Le **serveur** arrive et présente la **note** au **chef de famille**...

– Ah... Quand même... Ça fait un certain **nombre** hein. Alors euh, on **partage** ? Bien, alors, ça fait **deux cent trente-deux** divisé par... **combien** sommes-nous ? **Un, deux, trois, quatre... huit** ! Ça fait **vingt-neuf** euros **chacun**, s'il-vous-plaît.

– On va dire trente chacun pour **arrondir.**

– Ah non, moi je n'ai pris que **le quart** de ce que vous avez mangé. Ça fait un peu **cher**, **trente** euros pour une salade.

– Ah. Marie n'est pas d'accord pour partager. Eh bien paye ta salade et on **divise** le reste. Donc, ça fait **deux cent trente-deux moins** la salade à **douze** euros, **égal deux cent vingt**... Comment,

Pierre ?

– Je n'ai pas pris de vin et ma femme non plus. C'est une bouteille à quatre-vingts euros quand même !

– Bien. Alors on va payer au détail. Donnez-moi un menu, chacun me dira le **prix** de ce qu'il a consommé et je vais faire le **calcul par personne**. Sinon, on ne va **jamais** y arriver, dit le chef de famille exaspéré.

– **Attends** Henri, j'ai mon téléphone pour faire le calcul, dit son épouse.

– Comment ça marche ? Où est la **calculatrice** ? Et comment on fait les **additions** ? C'est compliqué hein !

– Alors moi j'ai pris **deux** œufs à la coque, **zéro** plat, un dessert et j'ai bu un **demi-**verre.

Le chef de famille soupire.

– Ma chérie, si on commence à **calculer** qui a bu le **dixième** du **quart** de ceci, consommé le **tiers** de cela, et pris le **double** de l'autre, on ne va pas y arriver. C'est impossible. **Comptons** le vin à part, c'est moi qui l'offre, ce sera plus simple. Ah ! Et ton téléphone n'a plus de batterie. Il ne manquait plus que ça !

Il se lève et demande au serveur un **stylo** pour faire son calcul sur la **nappe en papier**.

– Alors pour toi Marc, ça fera **cinquante-sept** euros. Ah non **pardon** ! Moins le vin que je dois soustraire, ça fait **cinquante** euros pour toi, Marc.

– Mais c'est beaucoup plus que les **trente** qu'on avait dit au départ !

– Ah oui, mais que veux-tu ? Certains ne veulent pas faire la **division** et faire le **calcul individuel**, alors c'est comme ça. Tu as mangé **plus** que les autres. Et encore ne te plains pas, je paye le vin !

– Moi, je ne me souviens pas de ce que j'ai mangé, dit une des personnes du groupe.

– Comment ça tu ne t'en souviens pas ?

– Bien oui, c'était un plat avec de la viande, mais je ne me souviens plus lequel…

– Quoi ? Dit le chef de famille. Comment peux-tu avoir oublié ce que tu as mangé il y a **vingt-cinq** minutes ? Bon, alors pour toi ce sera ce qu'il reste une fois qu'on aura compté pour tous les autres. On n'aura qu'à faire la **différence** à la fin.

– Moi, j'ai pris un foie gras et un verre de champagne, ça fait **cinq** euros cinquante pour moi, déclare un jeune homme.

– **Cinq euros et cinquante centimes** pour du foie gras et du champagne, Maxime ? Tu en es sûr ? Ça me paraît peu cher !

– Si, si, j'en suis sûr !

– Admettons… Répond le chef de famille exaspéré.

– Moi j'ai fait mon propre **compte**. Ça fait **dix-huit** euros pour moi, **plus vingt et un** pour mon épouse, donc **trente-neuf** pour nous **deux**. Mais comme Maxime me doit **quarante** euros, il va payer notre part. Donc, pour lui, ce sera **trente-neuf plus cinq** euros cinquante, ça fait **quarante-quatre** euros cinquante pour Maxime.

– Oui, mais je n'aurai pas **assez** sur moi. Je n'avais pas prévu…

– STOP !

Le chef de famille tape du poing sur la table et se lève.

– Vous êtes pénibles. Plus jamais nous ne ferons de repas de famille au restaurant ! Vous n'avez **aucune** éducation, je ne vous ai pas élevés comme ça. Aucune discipline !

– Mais regarde, papy, dit une jeune fille. Sur la carte, il est écrit « Formule Famille », **trente-cinq** euros par personne pour les groupes de **plus** de **six** personnes. On pourrait choisir cela et le problème serait réglé, non ?

On entend alors plusieurs personnes autour de la table parler en même temps.

– Oui, mais moi je n'ai pris qu'une salade…
– Et moi je n'en ai que pour cinq euros cinquante…
– Et ce que j'ai choisi n'ai pas dans la formule…
– Et papy a dit qu'il payait le vin…

Au bout de longues minutes de discussion, le grand-père se lève, agacé, suivi de **deux** hommes qui semblent être ses fils, puis de toute la famille qui le rejoint à la **caisse du restaurant**. **Vingt** minutes plus tard, le groupe quitte le restaurant. Le chef de famille, en tête, s'exclame : « De toute façon, je vous préviens : je retirerai ça de votre **héritage** ! » Tous les témoins dans le restaurant ne peuvent s'empêcher d'observer la scène et d'**éclater de rire.**

Résumé de l'histoire

Un repas en famille au restaurant est supposé être moment agréable ; mais parfois, notamment au moment de payer l'addition, ça peut devenir tout un problème mathématique… et diplomatique ! Cette histoire raconte une scène amusante à laquelle on assiste souvent dans les restaurants quand arrive la fin du repas.

Summary of the Story

A family dinner at the restaurant is supposed to be an enjoyable moment. But sometimes, especially when it's time to pay the bill, it can also become a diplomatic issue… and a mathematical problem! This story is about the type of funny scenes you can regularly witness at the end of a meal in a restaurant, especially a French restaurant!

Vocabulary

- **Un** : one
- **deux** : two
- **trois** : three
- **quatre** : four
- **cinq** : five
- **six** : six
- **sept** : seven
- **huit** : eight
- **neuf** : nine
- **dix** : ten
- **onze** : eleven
- **douze** : twelve
- **treize** : thirteen
- **quatorze** : fourteen
- **quinze** : fifteen
- **seize** : sixteen
- **dix-sept** : seventeen
- **dix-huit** : eighteen
- **dix-neuf** : nineteen
- **vingt** : twenty
- **trente** : thirty
- **quarante** : forty
- **cinquante** : fifty
- **soixante** : sixty
- **soixante-dix** : seventy
- **quatre-vingts** : eighty
- **quatre-vingt-dix** : ninety
- **cent** : one hundred
- **centaine** : a hundred
- **mille** : one thousand
- **deux mille, trois mille, quatre mille…** : two thousand, three thousand, four thousand…
- **millier** : a thousand
- **million** : one million
- **milliard** : one billion
- **un centième** : a hundredth
- **un dixième** : a tenth
- **un quart** : a quarter
- **un tiers** : a third
- **un demi** : a half
- **moitié** : half
- **dizaine** : a group of ten units
- **douzaine** : dozen
- **vingtaine, trentaine, quarantaine** : a group of twenty, thirty, forty units…
- **à côté** : beside
- **addition** : addition, check, bill

- **agréable** : nice, pleasing
- **amusante** : amusing, funny
- **arrondir** : to round up or down
- **assez** : enough
- **attends** : attendre – to wait
- **aucune** : none
- **calcul** : calculation
- **calcul individuel** : individual calculation, calculation per person
- **calculatrice** : calculator
- **calculer** : to calculate
- **chacun** : each
- **chef de famille** : head of the family
- **cher** : expensive
- **cinq euros et cinquante centimes** : five euros and fifty cents
- **combien** : how much, how many
- **compte** : compter – to count, to add up
- **divise** : diviser – to divide
- **éclater de rire** : to burst into laughter
- **égal** : equal, equivalent
- **héritage** : heirloom, inheritance
- **invite** : inviter – to pay for someone
- **jamais** : never
- **mathématique** : mathematical
- **moins** : less, fewer, minus
- **nappe en papier** : paper tablecloth
- **nombre** : number
- **note** : check, bill
- **par personne** : per head
- **pardon** : sorry
- **partage** : partager – to share
- **plus** : more, plus
- **prix** : price
- **rapidement** : quickly
- **serveur** : waiter
- **soustraire** : to subtract
- **stylo** : pen

Questions About the Story

1. Qu'est-ce que le chef de famille propose de payer pour arranger tout le monde ?

    a) Le vin
    b) Les desserts
    c) Les boissons

2. Combien d'argent est-ce que Maxime doit à son parent ?

    a) 20 €
    b) 40 €
    c) 7 €

3. Combien y a-t-il de personnes au total qui partagent le repas ?

    a) 12
    b) 10
    c) 8

4. À combien est-ce que Maxime estime son champagne et son foie gras ?

    a) 5 €
    b) 15 €
    c) 47 €

5. Quel est le prix de la « Formule Famille » sur la carte du restaurant ?

    a) 20 €
    b) 35 €
    c) 27 €

Answers

1) A
2) B
3) C
4) A
5) B

Chapter Six

ADJECTIVES

La scène de ménage – The Domestic Dispute

Jean et Martine vivent ensemble depuis 30 ans. C'est une **longue** relation de couple ! Ils se sont rencontrés pendant leurs études à l'université et se sont mariés après avoir obtenu leur diplôme. Ils ont 2 **grands** enfants dont ils sont très **fiers**. Ils les reçoivent pour un barbecue et toute la famille est réunie pour la première fois depuis **longtemps**…

- Chérie, as-tu bientôt fini de préparer tous ces plats **délicieux** ? Les enfants vont bientôt arriver. Ils seront **impatients** de se mettre à table. Pas besoin de mettre les **petits** plats dans les **grands**. Tout sera très **bon**, comme d'habitude. Ne sois pas si **nerveuse.**

- Je veux que tout soit **parfait.** Si tu m'aidais un peu ça irait plus **vite.** Tu restes là, si **calme**, à attendre **sagement** que tout se prépare. Je ne te savais pas si **fainéant.**

- Comment ça ? Tu es **culottée** ! J'ai installé la table et préparé le barbecue à l'extérieur, les **braises** sont **chaudes,** la table est **propre** et le couvert est mis, j'ai même déplié le parasol **géant** ! Ne me dis pas que je suis **immobile** !

- Oui mais c'est moi qui suis allée faire les courses et qui ai fait le ménage et qui prépare **seule** le repas. Tu pourrais au moins t'habiller **correctement**.

- Mais tu deviens **insolente** ! Je suis **très bien** habillé ! Mais enfin qu'est-ce qui te rend si **agressive** ? Ce sont nos enfants qui viennent, pas le Président de la République ! Et c'est un **simple** barbecue en famille, pas un **dîner de gala sophistiqué** ! Pas la peine de t'en prendre à ton **pauvre** mari !

- Ne joue pas les victimes je t'en prie. Tu sais très bien que ce repas est **important**. Il faut que tout soit **parfait**. Nous n'avons pas été tous **ensemble** depuis **terriblement** longtemps. Je suis **excitée** de voir les enfants et je suis **certaine** qu'ils s'attendent à ce que tout soit **idéal**. Je ne veux pas qu'ils soient **déçus**. Mais toi tu sembles être très **détendu** et **laxiste**, on dirait que pour toi c'est une visite **ordinaire**.

Les enfants arrivent. Le père marche d'un pas **enthousiaste** à leur rencontre...

- Ah ! Les enfants ! Mes fils **adorés** ! Vous arrivez à pic ! Votre mère **se fait un sang d'encre** et a décidé que je serais son punching-ball ! Elle est **nerveuse** et **irritable** à souhait. On ne peut rien lui dire !

Le **premier** fils se dirige vers son père, rejoint par l'autre fils et son **épouse**.

- Bonjour papa ! Il ne faut pas vous mettre dans ces états. Tu connais maman : toujours **prête** à faire des **merveilles** pour faire plaisir.

Tout le monde s'installe à table, **heureux** et **ravi** d'être ensemble, puis Jean appelle **bruyamment** son épouse pour qu'elle rejoigne toute la famille. Martine apparaît enfin. Elle s'est changée et a mis une **nouvelle** robe **rouge** avec des dentelles **extravagantes**.

- Ha ha ha ! Tu t'es déguisée en oiseau **tropical** pour l'occasion ? rit Jean de manière très **naturelle**.
- Maman ! Mais c'est quoi ce déguisement **impossible** ? Tu comptes nous faire un spectacle ? Allez, viens dire bonjour à tes

fistons préférés.

La mère devient toute **pâle**, son **grand** sourire se transforme en **horrible grimace**, et elle **fond en larmes.**

- Je voulais **simplement** être **belle** pour mes fils ! Depuis ce matin, votre père me traite d'**hystérique** alors que je me tue à vous faire un repas **parfait**. Puis vous arrivez et vous vous moquez de moi. Je suis vraiment la personne **la moins aimée** de cette famille d'**ingrats.**

Ses fils et Jean ne peuvent pas arrêter de rire malgré les larmes de Martine. Il faut dire que la situation est **amusante**. Elle est aussi **touchante**, puisque tout le monde sait que c'est par amour que Martine se met dans un tel état.

Jean se lève et s'approche d'elle, puis la prend dans ses bras.

- Ma chérie, allons. Tu es **ridicule** de te mettre dans un tel état. Regarde : nos fils sont là. Tu as préparé un repas **féérique**. Il fait un soleil **éblouissant**. Tout le monde est en bonne santé et **content** de se retrouver. Le vin est **frais**. Tout est absolument **parfait**, alors calme-toi, **embrasse** tes fils, et détends-toi enfin !

Les deux fils du couple se lèvent, viennent à leur tour prendre leur mère dans leur bras et la remercier d'avoir fait tous ces efforts **admirables** pour que la journée soit inoubliable.

- Merci maman. Tout est **génial**. On est **ravis** d'être là. C'était trop **long** tous ces mois sans se voir. Sèche tes larmes et viens trinquer avec nous. Et par pitié, va changer de robe ! Celle-ci est **cauchemardesque** !

Tout le monde éclate de rire : Jean, les enfants, puis Martine qui est enfin **apaisée** et **détendue.**

Résumé de l'histoire

Jean et Martine sont mariés depuis 30 ans et ils ont deux grands garçons dont ils sont très fiers. Ils ne les ont pas vus depuis longtemps et préparent un barbecue pour eux, qui viennent leur rendre visite. Martine, la maman, est très nerveuse et veut que tout soit parfait. Elle passe ses nerfs sur son pauvre mari.

Summary of the Story

Jean and Martine have been married for 30 years. They have two grown-up sons, of whom they are very proud. The parents haven't seen their boys in a long time, but they will be visiting soon, so they are preparing a nice barbecue for them. Martine, the mom, is very nervous and wants everything to be perfect. The poor Jean will be the victim of his wife's anxiety.

Vocabulary

- **adoré/adorée** : adored
- **agressif/agressive** : aggressive
- **amusant/amusante** : amusing, funny
- **apaisé/apaisée** : peaceful
- **beau/belle** : beautiful
- **bon/bonne** : good
- **braise** : ember
- **bruyamment** : loudly
- **calme** : calm
- **cauchemardesque** : nightmarish
- **certain/certaine** : for sure, some
- **chaud/chaude** : hot, warm
- **content/contente** : happy
- **correctement** : correctly
- **culotté/culottée** : cheeky, daring
- **déçu/déçue** : disappointed
- **délicieux/délicieuse** : delicious
- **détendu/détendue** : relaxed, calm
- **dîner de gala** : gala dinner
- **éblouissant/éblouissante** : dazzling, shiny
- **embrasse** : embrasser – to kiss
- **enthousiaste** : enthusiastic
- **époux/épouse** : spouse
- **excité/excitée** : excited
- **extravagant/extravagante** : wild, outrageous
- **fainéant/fainéante** : lazy
- **féérique** : magical, enchanting
- **fier/fière** : proud
- **fiston** : son, sonny
- **fond en larmes** : fondre en larmes – to burst into tears
- **frais/fraîche** : fresh, cold, cool
- **géant/géante** : giant
- **génial/géniale** : brilliant, great
- **grand/grande** : big, tall
- **grimace** : grimace
- **heureux/heureuse** : happy
- **horrible** : horrible, despicable
- **hystérique** : hysterical

- **idéal/idéale** : ideal, perfect
- **immobile** : motionless
- **impatient/impatiente** : impatient, excited
- **ingrat/ingrate** : ungrateful, unappreciative
- **insolent/insolente** : cheeky, disrespectful
- **irritable** : bad-tempered
- **le moins aimé/la moins aimée** : unpopular, out of favor
- **laxiste** : lax, permissive
- **longtemps** : a long time
- **merveilles** : wonders, marvels
- **nerveux/nerveuse** : nervous
- **nouveau/nouvelle** : new
- **ordinaire** : ordinary
- **pâle** : pale
- **parfait/parfaite** : perfect
- **pauvre** : poor
- **petit/petite** : small
- **préféré/préférée** : favorite
- **premier/première** : first
- **prêt/prête** : ready
- **propre** : clean
- **ravi/ravie** : delighted, over the moon
- **ridicule** : ridiculous
- **rouge** : red
- **sagement** : wisely, calmly
- **scène de ménage** : domestic dispute
- **se fait un sang d'encre** : se faire un sang d'encre – to be extremely worried
- **seul/seule** : alone, lonely, by oneself
- **simplement** : simply
- **sophistiqué/sophistiquée** : sophisticated
- **terriblement** : terribly
- **touchant/touchante** : touching
- **très bien** : very good
- **vite** : quickly, fast

Questions About the Story

1. Combien d'enfants ont Jean et Martine ?

    a) 1 fils et 1 fille
    b) 1 fils
    c) 2 fils

2. Qui a fait les courses ?

    a) Martine
    b) Jean
    c) Les garçons

3. Comment est le parasol ?

    a) Génial
    b) Jaune
    c) Géant

4. Que reproche Martine à Jean ?

    a) D'être en retard
    b) De ne plus l'aimer
    c) D'être trop détendu

6. Comment Jean et les garçons trouvent-ils la robe de Martine ?

    a) Superbe
    b) Amusante
    c) Horrible

Answers

1) C
2) A
3) C
4) C
5) C

Chapter Seven
VERBS (INFINITIVE)

Premier voyage à Londres – First Trip to London

    Christelle n'en pouvait plus d'**attendre** ! Elle va enfin **pouvoir prendre** l'Eurostar pour Londres ! On lui avait dit de **réserver** trois mois à l'avance, mais l'**attente** a été très longue. Elle peut enfin monter dans le train qui va en Angleterre et visiter Londres pour la première fois ! À 20 ans, il est grand temps ! Tous ses amis y sont déjà allés, mais Christelle n'a pas pour **habitude** de **voyager**, et encore moins de voyager seule. Elle se demande si elle va **rencontrer** des gens et **se faire des amis.**

    Tandis que Christelle monte dans l'Eurostar pour **s'asseoir** à sa place, les autres passagers **ne peuvent pas s'empêcher de sourire** en l'entendant **chanter.** La plupart des voyageurs semblent habitués et elle reconnaît les **passagers** habituels qui aiment **aller** à Londres pour **faire** du shopping le week-end. Elle, elle a trois heures de voyage pour **étudier** son guide, **préparer** ses visites de **musées** et ses activités.

    Le train va enfin **démarrer** ! C'est parti ! Destination Londres.

    Christelle profite du voyage en train pour **acheter** un sandwich au wagon-restaurant. Elle essaie de ne pas trop **boire** de café et **manger** de sucreries, elle se trouve déjà assez excitée et impatiente comme cela. Elle trouve cela agréable de **se lancer** à l'aventure seule, finalement : personne pour la **retarder** le matin, pour **se plaindre** d'**avoir** mal aux pieds ou pour **gâcher** ses vacances avec des **caprices.** C'est bon d'**être** libre !

L'Eurostar va bientôt **arriver** à la gare de St Pancras. Christelle va **devoir entrer** dans la boutique d'Harry Potter pour **offrir** des souvenirs à sa petite sœur Claire.

Ensuite, direction l'hôtel – qui n'est pas très loin – pour **laisser** son **bagage** à la réception et **s'enregistrer.** Là-bas, Christelle pourra **se changer** et **mettre** de bonnes **chaussures** pour pouvoir **marcher** longuement.

Pour son premier repas « British », Christelle décide de **choisir** un menu traditionnel : *fish & chips* ! Elle va enfin **goûter** cette légende de la gastronomie britannique. Christelle se laisse un peu **surprendre** lorsqu'on lui propose du vinaigre sur ses frites, mais vive l'aventure !

Arpenter Carnaby Street et **halluciner** devant les looks amusants des Londoniens est une aventure très agréable. La jeune fille est tellement **dépaysée** qu'elle risque de **passer** son séjour à **photographier** tout ce qui se trouve autour d'elle. Elle se promène tellement dans Soho qu'elle doit **demander** la direction de Piccadilly Circus.

Direction Buckingham Palace, pour **voir** si Sa Majesté viendra **faire** signe à la **foule.** Allez savoir : on peut **rêver** !

Christelle se souvient de **mettre** sa montre à l'heure : il y a une heure de **décalage** entre la France et la Grande-Bretagne. Oups ! Il est déjà 17 heures ! Hors de question de **manquer** le *Tea Time*.

L'estomac bien rempli de *scones* et de *crumpets,* qui feraient **culpabiliser** n'importe quelle personne qui fait attention à sa ligne, Claire se dit que sa mère aurait sans doute aimé les **essayer.** Elle s'arrête donc chez Marks & Spencer pour **emballer** quelques pâtisseries et les offrir à sa mère à son retour.

La journée touche à sa fin et Christelle doit **courir** pour ne pas

être en retard pour sa **croisière** de nuit sur la Tamise, à **voir défiler** les monuments de Londres éclairés : le Parlement, London Eye, la Tour de Londres, le London Bridge, Big Ben… À bord du bateau, Christelle en profite pour observer l'équipage et **réviser** toutes les manœuvres nautiques que son père lui a apprises. Il serait fier de **savoir** qu'elle se souvient de toutes ces manœuvres ! En y réfléchissant, Christelle se dit qu'elle doit absolument **se rendre** à Greenwich pour **visiter** le musée de la **marine** et le fameux Cutty Stark. Son père n'a pas manqué de lui **répéter** que c'était des merveilles. La longue journée touche à sa fin et Christelle va **se coucher** pour **s'endormir** avec des étoiles plein les yeux…

English Breakfast ! Il faut un sacré appétit pour **avaler** tout ce qu'il y a dans cette **assiette** sans **tomber malade** ! Qu'importe, Christelle est là pour **vivre** l'expérience anglaise, alors à table ! Une bonne marche fera **digérer** tout ça.

Destination Camden Town. Difficile de **se repérer** dans le tube et les bus à étage, il serait dommage de **se perdre**. Il faut **se concentrer** et **observer**, bien **planifier** son parcours et voilà : Christelle peut **se féliciter** de n'**avoir** pas commis la moindre erreur. Parmi les interminables boutiques et les superbes artisans de Stables Market, Christelle ne sait plus où **regarder**. Il y a tellement de belles choses. Elle a envie d'**empiler** le tout dans sa valise pour le **rapporter** en France, mais **payer** 135 € pour un t-shirt lui paraît tout de même excessif. Petite pause photo devant la statue de Amy Winehouse, en passe de **devenir** l'une des attractions du quartier.

Dans l'après-midi, Christelle visite le fabuleux Musée d'Histoire Naturelle et va **prendre** une bonne centaine de photos dans la galerie des dinosaures, pour **épater** son petit frère en rentrant à la maison. Il faut **dire** qu'il y a de quoi **rester** des heures à **admirer** ces spécimens.

Le soir, devant son plat de *kidney pie*, Christelle se dit qu'elle a passé un week-end fabuleux à Londres. Elle qui avait peur d'y **aller** seule, elle réalise qu'elle ne l'a jamais vraiment été pendant tout ce voyage. Pendant ses visites, à tout moment, ses parents, son frère, ses amis étaient tous un peu avec elle : elle leur ramène de fabuleux souvenirs de son expérience. Elle va aussi **pouvoir** les **inviter** et les **encourager**, eux aussi, à **découvrir** le monde, à **voyager**, à **partir** loin de chez eux et à **explorer** toute l'Europe !

Elle rentre demain, et c'est le cœur plein d'envies de voyage qu'elle va désormais **imaginer** sa vie.

Résumé de l'histoire

Christelle a 20 ans et elle voyage seule pour la première fois. Il est grand temps : tous ses amis ont déjà visité les quatre coins de L'Europe et lui ont donné envie de découvrir Londres à son tour. Un peu nerveuse à l'idée d'être seule dans cette grande ville qu'elle ne connaît pas, elle va se rendre compte au fur et à mesure de son séjour qu'elle ne l'est pas tant que ça. Lorsqu'on voyage, on n'est jamais vraiment seul : les gens qu'on aime et avec qui on aimerait partager ces moments nous accompagnent.

Summary of the Story

Christelle is 20 years old and travels on her own for the first time. Finally! All her friends have already traveled all the way across Europe, and now she wants to see London for herself. A bit nervous about being all alone in this big city she doesn't know, she will soon realize that she is not that lonely after all. When we travel, we are never really alone: the people we love and would like to share this experience with are by our side.

Vocabulary

- **acheter** : to buy
- **admirer** : to admire
- **aller** : to go
- **arpenter** : to pace, to stride along
- **arriver** : to arrive
- **assiette** : plate
- **attendre** : to wait
- **attente** : the wait
- **avaler** : to swallow
- **avoir** : to have
- **bagage** : luggage
- **boire** : to drink
- **caprice** : whim, tantrum
- **chanter** : to sing
- **chaussure** : shoe
- **choisir** : to choose
- **courir** : to run
- **culpabiliser** : to feel guilty
- **décalage (horaire)** : time shift, time difference
- **découvrir** : to discover, to see for the first time
- **défiler** : voir quelque chose défiler – to see things pass before your eyes
- **demander** : to ask (for something), to wonder
- **démarrer** : to start
- **dépaysé / dépaysée** : disoriented
- **devenir** : to become
- **devoir** : must, to have to
- **digérer** : to digest
- **dire** : to say
- **emballer** : to pack, to wrap
- **empiler** : to pile up, to stack up
- **encourager** : to encourage
- **entrer** : to enter
- **épater** : to impress (someone else)
- **essayer** : to try
- **être** : to be
- **étudier** : to study
- **explorer** : to explore
- **faire** : to do, to make
- **foule** : crowd
- **gâcher** : to waste
- **goûter** : to taste
- **habitude** : habit
- **halluciner** : to hallucinate
- **imaginer** : to imagine
- **inviter** : to invite

- **laisser** : to leave
- **malade** : sick
- **manger** : to eat
- **manquer** : to miss
- **marcher** : to walk
- **marine** : navy
- **mettre** : to put
- **monter** : to go up, to board
- **musée** : museum
- **observer** : to observe
- **offrir** : to give, to offer
- **partir** : to go (away)
- **passager /passagère** : passenger
- **passer** : to pass by
- **payer** : to pay
- **photographier** : to take pictures
- **planifier** : to plan, to organize, to schedule
- **pouvoir** : to be able to
- **prendre** : to take
- **préparer** : to prepare, to get ready
- **rapporter** : to bring back
- **regarder** : to look at
- **rencontrer** : to meet
- **répéter** : to repeat, to say many times
- **rester** : to stay
- **retarder** : to delay, to postpone
- **rêver** : to dream
- **réviser** : to study, to review
- **s'asseoir** : to sit down
- **s'empêcher** : to stop oneself from doing something
- **s'endormir** : to fall asleep
- **s'enregistrer** : to register, to check-in
- **savoir** : to know
- **se changer** : to change (clothes)
- **se concentrer** : to focus
- **se coucher** : to go to bed, to lay down
- **se faire des amis** : to make friends
- **se féliciter** : to congratulate oneself
- **se lancer** : to start, to throw oneself into something
- **se perdre** : to get lost
- **se plaindre** : to complain
- **se rendre** : to go somewhere
- **se repérer** : to identify, to locate

- **sourire :** to smile
- **surprendre:** to surprise
- **tomber :** to fall
- **visiter :** to visit

- **vivre :** to live
- **voir :** to see
- **voyager :** to travel

Questions About the Story

1. **Quelle est la première chose que Christelle visite à St Pancras ?**

   a) Elle achète à manger
   b) Elle téléphone à sa mère
   c) Elle visite la boutique d'Harry Potter

2. **Le fish & chips… ?**

   a) Se boit
   b) Se porte
   c) Se mange

3. **Dans quel quartier se perd Christelle ?**

   a) Soho
   b) Camden
   c) Greenwich

4. **Après un English Breakfast, il faut… ?**

   a) Prendre une douche
   b) Marcher pour digérer
   c) Boire une bière

5. **Quelle action fait-on pour prendre le train ?**

   a) On monte dans le train
   b) On marche dans le train
   c) On se couche sous le train

Answers

1) C
2) C
3) A
4) B
5) A

Chapter Eight

ADVERBS

Le procès de la mauvaise foi – The Art of Lying

    Un homme est convoqué au **tribunal.** Il passe devant le juge, car son voisin l'accuse de l'avoir **escroqué** en branchant son électricité sur son **compteur.** La défense et l'accusation sont présentes, chacune de son côté du tribunal. Le juge fait son entrée.

    - Monsieur Durand, je lis ici que vous êtes accusé de vol d'électricité de la part de votre voisin monsieur Dupont.

    - **Alors justement**, ce n'est pas **tout à fait** comme ça que ça s'est passé, dit monsieur Durand

    - Merci de ne pas m'interrompre. **Un peu** de discipline, **comme** ça se fait dans un tribunal, l'interrompt le juge.

    - **Absolument. Pardon.**

    - Monsieur Dupont, veuillez venir à la barre. **Comment** les faits se sont-ils déroulés ?

    La victime, monsieur Dupont, s'approche pour faire sa déclaration.

    - Eh bien, c'est très simple. Depuis 6 mois **à peu près**, j'ai remarqué que mes **factures** d'électricité grimpaient **terriblement**. Je n'ai pas changé de système de chauffage, et chez moi, ce n'est pas **exactement** Las Vegas, donc je me suis dit qu'il y avait **visiblement** un problème. Les techniciens sont venus vérifier le compteur électrique et il marchait **très bien**. Puis, ça a continué. Alors j'ai mené ma propre enquête **rapidement** : j'ai réalisé que quelqu'un avait bricolé **incognito** un **câblage directement** sur mon arrivée électrique et s'était connecté à mon réseau. Ah ça, c'était très bien fait. On **n'y aurait vu que du feu** s'il n'y avait pas eu ces factures d'électricité ! Et **puis** en suivant le câblage, j'ai vu qu'il arrivait **où** ? **Directement** chez le voisin ! Monsieur Durand chauffait et éclairait **généreusement** sa maison depuis au moins six mois à mes frais ! Il y en a pour des milliers d'euros !

- Monsieur Durand, veuillez vous avancer. Quelle est votre version des faits ?

L'accusé s'avance, un grand sourire aimable et **au-dessus** de tout **soupçon** sur le visage. Il fait quelques signes de la tête **poliment** pour saluer tout le monde.

- Monsieur le Juge. Cher monsieur Durand. Laissez-moi **aujourd'hui** vous expliquer **d'abord** le terrible **malentendu** sur lequel nous allons **certainement** nous entendre et vous dire **combien** cette méprise est regrettable. Pour commencer, **jamais** je ne causerais de tort à mon cher voisin ! **Objectivement**, je suis un homme honnête : je suis **commerçant** et tous mes clients aux **alentours** de la ville et au-delà pourront témoigner de ma droiture, **incontestablement.**

-Vous changez de sujet. Est-il vrai oui ou non que vous volez de l'électricité à Monsieur Dupont depuis plusieurs mois ? demande le juge.

- **Techniquement**, je ne présenterais pas les choses comme ceci, se défend l'accusé. Surtout que je ne consomme pas **tellement** d'électricité : je ne regarde pas la télévision **quand** la nuit tombe, je vais plutôt me coucher car j'ai mauvaise vue.

- Et votre micro-ondes fonctionne **probablement** au gaz et votre ordinateur à l'énergie solaire, dit l'avocat de la victime.

- **Effectivement,** Maître, j'ai bien quelques appareils électriques, mais je mange léger. **Certes**, **quelquefois** je cuisine au gaz et

rarement au four électrique.

- Revenons à nos moutons, s'impatiente le juge.

- **Tout-à-fait.** Bref, ce que monsieur Dupont a vu n'est pas un vol, mais **davantage** une forme de compensation, je dirais. On pourrait **également** parler de remboursement. **Voilà**, c'est **vraiment** comme ça que je le conçois. **Avant** toute chose, il faut revenir en **arrière**. **Après**, vous comprendrez mieux. Jusqu'à l'année dernière, monsieur Dupont et moi partagions les commandes de bois de chauffage, ce qui nous permettait d'économiser et de payer moins cher. Puis, monsieur Dupont a décidé **secrètement** de se chauffer au gaz, prenant **à peine** la précaution de m'en informer. Cela a eu pour conséquence que le prix du bois a **considérablement** augmenté pour moi en l'achetant **ailleurs. Ensuite**, il a planté une **haie** d'arbres entre nos maisons. **Idem** : frais supplémentaires pour moi, puisqu'avec ces arbres **debout**, la lumière n'entre plus chez moi. C'est **à peine** si je peux distinguer en pleine journée. **Déjà** que j'ai un genou **assez** fragile **depuis** des années, je risque l'accident domestique à chaque instant.

- **Désormais** monsieur Durand, venez-en aux faits. Sinon, nous serons **encore** ici **demain**. Je vais devoir vous demander d'être **aussi** bref que possible.

- **Enfin** ce que je veux dire, c'est que dans cette **soi-disant** affaire de vol d'électricité, c'est moi la victime ! **Mentalement**, c'est moi qui ai subi un **préjudice. Lors** de sa décision de couper la lumière du jour et le **chauffage** chez moi, le voisin m'a **quasiment** condamné au froid et à l'obscurité.

- Votre honneur, **soit** l'accusé se moque de la Cour, **soit** il fait une pièce de théâtre. Je m'interroge, interrompt l'**avocat** de la défense.

- Monsieur Durand, j'apprécie votre créativité. **Néanmoins** j'apprécierais que vous abandonniez **rapidement** votre numéro de mauvaise foi, dit le Juge.

- **Autant** vous le dire, c'est vrai que j'ai branché mon électricité **là-bas** sur son compteur, mais je suis véritablement la victime ! Monsieur Dupont a peut-être **vaguement** vu sa consommation d'électricité augmenter, mais c'est **autant** de sa faute que de la mienne. En me contraignant **sournoisement** à me ruiner pour le bois de chauffage et en aveuglant mes fenêtres, il a fait **fort** et a mis le pied **dans** une forme de **harcèlement** pur et simple ! D'**ailleurs**, je mérite **moins** que lui de m'expliquer devant un Juge. Votre honneur, je voudrais **porter plainte** contre monsieur Dupont pour harcèlement moral.

- Monsieur Durand, vous méritez l'Oscar de la mauvaise foi, conclut le juge.

Résumé de l'histoire

Dupont et Durand, c'est l'histoire classique des problèmes de voisinage. Au début on s'entend bien, on est amis… puis pour des détails sans importance, la guerre est déclarée. C'est comme cela que ces deux voisins se retrouvent au tribunal, l'un accusant l'autre de vol. Mais le tribunal se transforme rapidement en théâtre avec la performance de l'accusé, dont la mauvaise foi ressemble à un art.

Summary of the Story

Dupont and Durand are the protagonists of a typical fight between two neighbors. They used to get along pretty well, but now, because of some insignificant details, their friendship has turned into war. That's how they ended up in the courthouse, one accusing the other of stealing. But the courthouse quickly becomes an open stage, with the accused showing some great, almost artistic, lying skills.

Vocabulary

- **à peine :** merely
- **à peu près :** about, approximately
- **absolument :** absolutely
- **ailleurs :** elsewhere
- **alentours :** around, surrounding
- **alors :** then
- **après :** after
- **arrière :** back, behind
- **assez :** enough, rather
- **au-dessus :** above, over
- **aujourd'hui :** today
- **aussi :** too, as well
- **autant :** as much as
- **avant :** before
- **avocat / avocate :** lawyer
- **bref :** anyway, in short
- **câblage :** wiring
- **certainement :** definitely
- **certes :** of course, certainly
- **chauffage :** heating
- **combien :** how much, how many
- **comme :** as, like
- **comment :** how
- **commerçant / commerçante :** storekeeper
- **compteur :** meter
- **considérablement :** considerably, a lot
- **d'abord :** firstly, first of all
- **dans :** in, inside
- **davantage :** more
- **debout :** standing
- **déjà :** already
- **demain :** tomorrow
- **depuis :** since
- **désormais :** from now on
- **directement :** directly
- **effectivement :** indeed
- **également :** also, as well
- **encore :** still, yet
- **enfin :** finally
- **ensuite :** then
- **escroquer :** to cheat, to swindle
- **exactement :** exactly
- **facture :** bill, invoice
- **fort :** strong
- **généreusement :** generously
- **haie :** hedge

- **harcèlement :** harassment
- **incontestablement :** unquestionably
- **jamais :** never
- **justement :** precisely
- **là-bas :** there
- **lors :** during, while
- **malentendu :** misunderstanding
- **mauvaise foi :** lie, bad faith
- **mentalement :** mentally
- **moins :** less, fewer
- **n'y voir que du feu :** to not notice a thing
- **néanmoins :** nonetheless
- **objectivement :** objectively, impartially
- **où :** where
- **pardon :** sorry
- **poliment :** politely
- **porter plainte :** to press charge
- **préjudice :** damage, harm
- **probablement :** probably
- **procès :** trial
- **puis :** then
- **quand :** when
- **quasiment :** nearly, almost
- **quelquefois :** sometimes
- **rapidement :** quickly
- **rarement :** rarely
- **secrètement :** secretely
- **soi-disant :** so-called
- **soit :** either...or...
- **soupçon :** suspicion, hint
- **sournoisement :** sneakily
- **techniquement :** technically
- **tellement :** so much
- **terriblement :** awfully
- **tout à fait :** absolutely
- **très bien :** very good
- **tribunal :** courthouse
- **un peu :** a little
- **vaguement :** vaguely
- **visiblement :** obviously, evidently
- **voilà :** there you go, here is...
- **vraiment :** really

Questions About the Story

1. Monsieur Dupont et Durand sont...

    a) Frères
    b) Collègues
    c) Voisins

2. Le câblage sur le compteur électrique de monsieur Dupont a été fait...

    a) Incognito
    b) Illico
    c) Inuendo

3. Monsieur Durant estime avoir souffert de harcèlement...

    a) Mental
    b) Moral
    c) Métal

4. Les arbres ont rendu les fenêtres de monsieur Durand...

    a) Froides
    b) Chères
    c) Aveugles

5. Le métier de monsieur Durand est...

    a) Commerçant
    b) Avocat
    c) Menteur

Answers

1) C
2) A
3) B
4) C
5) A

Chapter Nine

DIRECTIONS

Le touriste Américain – The American Tourist

Josh est Américain, mais sa mère est Française et il fait ses études à Paris depuis deux ans. Il parle très bien le français et son accent se distingue à peine. Avec ses études et son travail, il n'a pas le temps de faire du tourisme, mais il décide de prendre quelques jours de vacances et part découvrir le sud de la France. Il **descend** à Marseille en train **depuis** Paris et **arrive** à la Gare Saint-Charles.

Josh décide de profiter du soleil et de **marcher vers le sud jusqu**'au Vieux-Port pour boire un verre. Au bout de 25 minutes, il a très chaud et se retrouve aux pieds de la Cathédrale Notre Dame de la Garde ; il comprend qu'il est **perdu** : ce n'est pas la **bonne direction.** Il **demande son chemin.**

- Pardon monsieur, pouvez-vous **m'indiquer** le Vieux Port ?
- Vous alors, vous devez bien être Parisien, il n'y a qu'un Parisien pour ne pas trouver le vieux port. Alors, **depuis** la Bonne Mère.
- La quoi ?
- La Bonne Mère ! C'est la Cathédrale ! Là, Notre Dame de la Garde, la Bonne Mère comme on dit chez nous ! Eh bien depuis la Bonne Mère, ce n'est pas **compliqué,** vous **visez** la mer ! C'est **tout droit** en descendant ! Vous **prenez** la Montée de l'Oratoire, **sauf que** vous la descendez.
- D'accord, merci monsieur.

« Vous visez la mer... » Pas **évident**, se dit Josh. La mer elle est **à**

perte de vue à Marseille. « Vous descendez la montée », tu parles ! Josh finit par **rejoindre** le Vieux Port et s'installe à une terrasse de café pour prendre une boisson bien fraîche. Il veut aller voir le musée MuCEM, qui est nouveau. Ce n'est **pas loin** du Vieux Port.

- Pardon monsieur, comment est-ce que je fais pour aller au MuCEM ? demande-t-il au serveur.

- Pas compliqué, vous ne pouvez pas le **rater** ! Vous **sortez à droite**, vous **longez** le port toujours **tout droit**, vous allez **jusqu'au** Fort Saint Jean, et vous **tomberez** dessus **au bout de** la jetée.

C'est reparti pour une **balade** le long du vieux port, où Josh peut admirer de splendides bateaux. **Au loin**, il voit la belle architecture du MuCEM.

Une fois **à l'intérieur** du musée, il demande à l'**accueil** :
- Bonjour, où est-ce que je peux **trouver** la collection de photographies, s'il-vous-plaît ?
- Premier **couloir** à droite, puis les **escaliers**, **sortir** au deuxième étage, **faites** environ 20 mètres, c'est la salle de **gauche**, **tournez** après la statue de l'ange. Sinon, **suivez** le sens normal de la visite, comme tout le monde, lui répond l'hôtesse visiblement **lasse.**
- D'accord, merci.

Josh essaie de répéter en boucle les **indications** de l'hôtesse, mais il a dû oublier une **étape**. Après cette divertissante visite, Josh mange un plat de poisson et décide de passer l'après-midi sur la **plage** du Prado. Seulement il n'a pas la moindre idée d'où elle se trouve ! Il sait simplement que c'est assez **loin**, Marseille est une très grande ville ! Il va prendre le bus. Il s'arrête au premier **arrêt.**

- Pardon madame, quel bus pour le Prado ?
- Houla, c'est compliqué d'aller **en bus** au Prado ! Mieux vaut y aller **en tram.**
- Ah non, c'est plus facile avec les **navettes** maritimes, dit une

seconde dame qui est là.

- Mais il y a un bus. Le 12 **en direction du** sud jusqu'à La Castellane, puis le 37 **vers l'ouest** jusqu'à Saint Ginier, et là vous **marchez** environ 200 mètres et vous **traversez le pont en face du** supermarché. Après, vous reprenez la navette qui va jusqu'à la plage. L'arrêt est **au bout de** la rue, **au coin de** la pharmacie et du centre commercial.

- Vous êtes bien un Parisien pour aller à la plage au mois de mai, vous ! Les deux femmes rient **en chœur.**

Josh est un peu déprimé par toutes ces difficultés d'**orientation** ! S'il avait su, il aurait acheté un GPS ! Pour finir, il prend un taxi. Il parvient à se rendre au Prado où il passe l'après-midi à prendre le soleil et à **divertir** les Marseillais qui le trouvent bien rouge ! En fin de journée, il est temps de rentrer à l'hôtel.

- Je vais à la rue La Vieille Charité s'il-vous-plaît monsieur, indique-t-il au chauffeur de taxi.

- Houla ! C'est trop compliqué. C'est une **rue** de la **zone piétonne** et on ne peut pas **se garer** ni **faire demi-tour**. Je vous **dépose** au **centre historique**, vous n'aurez qu'à marcher cent mètres jusqu'à la place des oliviers et **prendre à gauche** au **stop.**

- Ah. Bon. Josh est un peu désespéré, mais il veut juste aller se mettre de la **crème après soleil** à l'hôtel.

Le lendemain matin, Josh aimerait **se rendre** aux calanques pour faire **un tour** de bateau. Il **prend son courage à deux mains** et une grande inspiration avant de demander au réceptionniste :

- Est-ce que vous savez comment aller aux calanques ?

- Écoutez, c'est très facile en fait. Il y a une navette qui fait les **aller-retour** toutes les demi-heures. Elle passe juste devant notre hôtel. Je vous donne les **horaires** et le **plan** des alentours des calanques, comme ça vous saurez quoi faire et dans quelle direction aller.

- Oh merci monsieur ! C'est la première fois à Marseille que j'ai une indication aussi simple pour aller **quelque part.**

- Je vous en prie, lui répond le réceptionniste. Josh semble reconnaître un accent familier.

- Est-ce que je peux vous demander si vous êtes d'ici ?

- Non, je suis Américain, je viens de l'Iowa.

- Ah ! Alors ça ! Le monde est petit ! La prochaine fois que je serai perdu en France, je saurai que je dois demander mon chemin à un Américain !

Résumé de l'histoire

Josh est Américain mais parle parfaitement bien français et pensait pouvoir se sortir de toutes les situations en France, comme de simplement demander son chemin. Or, il va se rendre compte que ce n'est pas si simple de se repérer dans une grande ville et que ses questions simples n'obtiennent pas toujours des réponses simples ! C'est le hasard qui va le mener à rencontrer un guide serviable et efficace.

Summary of the Story

Even though he is American, Josh speaks French fluently. He thought he could make his way through any situation in France, such as simply asking for directions. But he will soon realize that it is not that easy to find his way in a big city, and that simple questions don't always call for simple answers! A matter of chance will lead him to meet a very nice and efficient guide on his journey.

Vocabulary

- **à droite :** to the right
- **à gauche :** to the left
- **à l'intérieur :** inside
- **à perte de vue :** endless, as far as the eye can see
- **à pied :** on foot
- **accueil :** front desk
- **aller-retour :** round trip
- **arrêt :** (bus) stop
- **arrive :** arriver – to arrive
- **au bout de :** at the end of
- **au coin de :** on the corner of
- **au loin :** in the distance
- **balade :** stroll, walk
- **bonne direction :** good direction, right direction
- **centre historique :** historical center
- **compliqué/compliquée :** difficult, complicated
- **couloir :** hallway
- **crème après soleil :** aftersun balm
- **demande son chemin :** demander son chemin – to ask for directions
- **dépose :** déposer – to drop off
- **depuis :** since, from
- **descend :** descendre – to get off (a bus)
- **divertir :** to entertain
- **en bus :** by bus
- **en choeur :** in unison, all together
- **en direction de :** in direction of
- **en face de :** opposite of
- **en tram :** by tram
- **en voiture :** by car
- **escaliers :** stairs
- **est :** East
- **étape :** step
- **évident/évidente :** obvious
- **faire demi-tour :** to make a U-turn
- **horaires :** schedules
- **indication :** directions
- **indiquer :** to give directions
- **jusqu'à :** until, to (a spot)
- **las / lasse :** tired, weary
- **loin :** far
- **longez :** longer- to walk along
- **marcher :** to walk
- **navette :** shuttle

- **nord** : North
- **orientation** : sense of orientation
- **ouest** : West
- **perdu/perdue** : lost
- **plage** : beach
- **plan** : map
- **pont** : bridge
- **prendre (à gauche)** : take (a left)
- **prendre son courage à deux mains** : to pluck the courage to do something
- **prenez** : prendre – to take
- **quelque part** : somewhere
- **rater** : to miss
- **rejoindre** : to reach
- **rue** : street
- **sauf que** : except that
- **se garer** : to park
- **se rendre** : to go (somewhere)
- **sortir** : to get out
- **stop** : stop sign
- **sud** : South
- **suivez** : suivre – to follow
- **tomberez** : tomber – to fall upon
- **tournez** : tourner – to turn
- **tout droit** : straight
- **traversez** : traverser – to cross
- **trouver** : trouver – to find
- **un tour** : a stroll
- **visez** : viser – to aim
- **zone piétonne** : pedestrian zone

Questions About the Story

1. **Le Vieux Port, par rapport à la gare, se situe...**
   a) au Nord
   b) au Sud
   c) à l'Est

2. **Le MuCEM est...**
   a) au début du Vieux Port
   b) au fond du Vieux Port
   c) au bout du Vieux Port

3. **Quelle est la distance de la plage du Prado par rapport au centre-ville ?**
   a) Proche
   b) Loin
   c) À côté

4. **Les Marseillais se moquent de Josh parce que...**
   a) Il est Américain
   b) Il est perdu
   c) Il est Parisien

5. **Que faut-il prendre pour aller aux calanques ?**
   a) Un taxi
   b) Un tram
   c) Une navette

Answers

1) **B**
2) **C**
3) **B**
4) **C**
5) **C**

Chapter Ten

FORMAL AND INFORMAL CONVERSATIONS

La rencontre avec le beau-père - Meeting the Father-in-Law

Laurent est le **petit ami** de Anne depuis six mois environ. Ils se sont rencontrés à un concert. Pour la première fois, Laurent va rencontrer le père de Anne. Elle a prévenu le jeune homme que son père était très **vieux jeu** et qu'il tenait beaucoup aux **bonnes manières** et à la **politesse.** D'autant que Laurent a tendance à être très **familier** et extraverti, Anne a peur d'assister à un choc des générations…

Ding dong. Le jeune couple **sonne** à la porte.

- **Qui est là** ? Demande une voix masculine de l'autre côté de la porte.
- Comment ça « **qui c'est** » ? C'est nous, beau-papa ! répond Laurent d'un ton enjoué.

Le père de Anne ouvre la porte et embrasse sa fille. Puis, il **tend la main** à Laurent et lui dit :

- **Bonjour** jeune homme, **à qui ai-je l'honneur** ?
- **Salut**, je suis le petit ami de votre fille.
- **Ravi de faire votre connaissance,** monsieur. Soyez le bienvenu. Et **quel est votre prénom ?**
- Laurent ! Et toi, **comment tu t'appelles ?**
- Roger. **Enchanté.**
- Cool. **Ça va** Roger ? Demande Laurent, alors que Anne lui **fait les gros yeux.**
- Euh… Eh bien… Oui, Laurent, je vais bien merci. **Comment allez-vous** vous-même ?
- Pas mal !

Après ces **présentations** un peu gênantes pour Anne, le couple et le beau-père passent au salon pour boire un verre. Le père fait signe à Laurent d'entrer :

- **Après vous.**

- Pas mal ! Chouette baraque ! s'exclame Laurent

- Oui la maison est… charmante.

Il indique au jeune homme le canapé.

- Asseyez-vous Laurent, **je vous en prie.**

- Tu as un accent Roger, **tu viens d'où** ?

- Je vous demande pardon ? Ah mais je suis Français. Peut-être un peu d'accent du sud, mais sinon je ne vois pas. Et vous, **quelle est votre nationalité** ?

- 100 % pur produit parisien.

- D'accord. Qu'est-ce que je vous offre à boire ?

- Je vais prendre un jus de fruits, répond Laurent.

La conversation entre les deux hommes se poursuit. Roger fait tous les efforts pour faire preuve de **tolérance** envers les manières un peu **informelles** de son nouveau **gendre**. Laurent ignore totalement Anne qui lui écrase le pied avec son talon ou lui met des coups de coude dans les côtes pour le **rappeler à l'ordre.**

- Tiens Roger, **donne-moi ton numéro**, comme ça si un jour on a l'occasion, on ira **casser la croûte** ensemble.

- Bien. Le voilà. Et vous Laurent ? **Puis-je vous demander votre numéro** ?

- Pas de problème.

- Alors Laurent, comment se passe votre travail ?

- **Comme ci comme ça. Je l'aime pas** plus que ça.

- Et pourquoi **vous ne l'aimez pas** ? En quoi cela est-il déplaisant ?

- Je dois travailler tous les vendredis et je rate tous les matchs du Paris Saint Germain !

- Vous êtes supporter du

PSG ? Le club de foot ? Interroge le beau-père.

– **Carrément** ! J'adore depuis tout petit !

Soudain le visage du beau-père s'illumine complètement. Il regarde sa fille et lui fait un grand sourire, puis sert un nouveau verre à son gendre, en lui tapant sur l'épaule.

- Alors là, cela change tout mon cher Laurent ! **Bienvenue** à toi dans la famille ! Tu peux me tutoyer sans problème. Pas de chichis entre nous. Toi et moi on ira voir le PSG jouer ! Je suis leur plus grand fan !

Résumé de l'histoire

Anne vient voir son père pour lui présenter son nouveau petit ami, Laurent. Elle est un peu inquiète, car les deux hommes ont des personnalités très différentes. Son père est très vieux jeu et réservé, tandis que Laurent est très exubérant et amical. Bien que les deux hommes semblent parler deux langues différentes, quelque chose d'inattendu va les aider à se rapprocher et à enfin se comprendre.

Summary of the Story

Anne is visiting her father to introduce him to her new boyfriend, Laurent. She is a bit worried, knowing the two men have opposite personalities. Her father is rather an old school man, cautious and discreet by nature. Laurent, on the other hand, is very friendly and open-minded. Even though they both seem to speak two different languages, something very special and unexpected will make them feel closer.

Vocabulary

- **ça va ?** : how are you doing (informal)
- **fait les gros yeux** : faire les gros yeux - to look disapprovingly at (someone)
- **je vous en prie** : please, I beg of you (formal)
- **présentations** : being introduced to someone
- **quelle est votre nationalité ?** : what is your nationality (formal)
- **à qui ai-je l'honneur ?** : to whom am I speaking to? (formal)
- **après vous** : after you (formal)
- **beau-père** : stepfather
- **bienvenue** : welcome
- **bonjour** : hello
- **bonnes manières** : good manners
- **carrément** : straight out (informal)
- **casser la croûte** : to have a bite to eat (informal)
- **comme ci comme ça** : so so (informal)
- **comment allez-vous ?** : how are you doing (formal)
- **comment tu t'appelles ?** : what is your name (informal)
- **donne-moi ton numéro** : give me your phone number (informal)
- **enchanté / enchantée** : delighted (formal)
- **familier / familière** : over-familiar
- **gendre** : son-in-law
- **informel / informelle** : informal
- **je l'aime pas** : I don't like it (informal)
- **petit ami /petite amie** : boyfriend / girlfriend
- **politesse** : politeness, courtesy
- **puis-je vous demander votre numéro ?** : may I ask for your phone number ? (formal)
- **quel est votre prénom ?** : what is your name (formal)
- **qui c'est ?** : who is it? (informal)

- **qui est là ?** : who is this ? (formal)
- **rappeler à l'ordre** : to remind someone of the rules
- **ravi de faire votre connaissance** : delighted to meet you (formal)
- **salut** : hi (informal)
- **sonne** : sonner – to ring it (formal) the door bell
- **tend la main** : tendre la main – to stretch a hand
- **tu** : you (informal)
- **tu viens d'où ?** : where do you come from (informal)
- **vieux jeu** : old school
- **vous** : you (formal)
- **vous ne l'aimez pas** : you don't like

Questions About the Story

1. **Which is the formal way ?**
   a) comment tu t'appelles ?
   b) quel est votre nom ?
   c) comment vous appelez-vous ?

2. **Which is the formal way ?**
   a) ça va
   b) enchanté
   c) je vais bien merci

3. **Which is the formal way ?**
   a) je n'aime pas le chocolat
   b) j'aime pas le chocolat
   c) je n'aime le chocolat

4. **Which is the informal way ?**
   a) bonjour
   b) salut
   c) bienvenue

5. **Which is the formal way ?**
   a) c'est qui ?
   b) qui c'est ?
   c) qui est là ?

Answers

1) C
2) C
3) A
4) B
5) C

Chapter Eleven
TIME, DATE AND WEATHER

Le camp d'été – The Summer Camp

Paul est un petit garçon **hyperactif** de huit ans. Ses parents sont fatigués de **toujours** lui courir après. Pour se **reposer** un peu et parce que Paul adore le sport et toutes les **activités de plein air**, ils décident de l'envoyer au camp d'été pour les vacances. Là-bas, il pourra **se défouler** au **grand air** et dépenser toute cette énergie.

C'est le premier **jour** du camp. La directrice des animations accueille les enfants et les dirige dans leurs chambres, puis il y a une **réunion** dans la salle commune pour expliquer le programme de la **semaine** aux parents et à leurs enfants. Voici comment les choses vont se passer...

Le **matin, réveil tôt** entre **sept heures et demie** et **huit heures moins quart**. Petit déjeuner et toilette. S'il fait **beau** et qu'il y a du **soleil** : activités nautiques. S'il **pleut** ou que le ciel est **couvert** de **nuages** : fabrication de cabanes pour les **animaux de la forêt**, qui en auront besoin en **automne** et en **hiver** pour **s'abriter**. Puis, observation des naissances d'animaux qui ont eu lieu à la ferme au **printemps.**

En **fin de matinée,** vers **onze heures et quart** : ménage des chambres pendant **une demi-heure**, les jours de la semaine, du **lundi au vendredi**. Les **journées** de **samedi et dimanche,** il n'y a pas de rangement des chambres : c'est le **week-end** et les enfants peuvent se détendre.

À **midi** : repas dans la salle commune. Chacun leur tour, les enfants pourront aider à la **cuisine**. Les **jours fériés**, comme le jour de la **Fête Nationale**, c'est repas froid au bord du lac. Le repas dure entre quarante-cinq **minutes** et une **heure.**

L'**après-midi** sera consacré au sport. Sauf s'il y a **canicule** ou **averse** ; dans ce cas, les enfants resteront se reposer à l'intérieur et feront des ateliers de **bricolage** ou du sport en salle.

À **seize heures**, c'est le goûter. Les enfants pourront profiter de ce **moment** pour passer quelques coups de fil – mais pas d'internet – ou seulement quelques **secondes** pour envoyer un email à leurs parents.

Ensuite, en **avril, mai, juin, juillet, août** et **septembre**, pendant les **mois** de **beau temps** généralement **ensoleillé**, les enfants aideront le jardinier au potager. Ceux qui reviendront pour les camps d'**hiver** de **décembre** à **mars** remplaceront cette activité par des leçons de ski ou de sports de **neige** au choix. Les enfants du camp de **septembre** ou de **Noël** pourront profiter des belles **citrouilles** que nous récoltons généralement.

En **fin de journée,** c'est le repos avant le repas. Vers dix-huit heures trente ou dix-neuf heures, ils pourront jouer **tranquillement** ou se reposer.

Le dîner se fait à dix-neuf heures trente. Les **soirées** sont généralement calmes. Cette année, nous préparons un **spectacle** sur le thème du **vent** et du **tonnerre**, avec des instruments de musique fabriqués à partir d'objets recyclés ! La **foudre** devrait tomber. Espérons que cela ne nous portera pas malchance et que nous n'attirerons pas un **ciel gris et nuageux.**

Enfin, l'**extinction des feux** se fait impérativement à **minuit**. Des surveillants veilleront à ce que les enfants ne se couchent pas trop

tard pour passer une bonne **nuit.**

C'est tout pour notre programme. Des questions, mesdames-messieurs ? Les enfants ?

Paul se tourne alors vers ses parents :
- Pfff ! Toutes ces choses à faire ! On ne va pas arrêter de courir partout. Tu parles de vacances ! Je vais être **épuisé**, moi, à la **fin** de l'été ! En rentrant à la maison, j'aurai juste envie de faire des **siestes** et de rester tranquille.

La mère se tourne alors vers son mari et lui chuchote à l'oreille :
- C'était vraiment une excellente idée ce camp, chéri. Je me sens déjà reposée.

Résumé de l'histoire

Paul est un adorable petit garçon, mais il est plein de vie et d'énergie et ses parents ont besoin d'une pause. Le père a l'idée d'inscrire Paul à un camp d'été avec plein d'activités en plein air prévues pour les enfants. Sport et vie dans la nature sont au programme. Paul arrive donc à son camp et la directrice explique le programme des vacances. Au fur et à mesure que la directrice énumère la liste des activités, les parents de Paul ont de plus en plus de raisons d'être contents que leur fils s'apprête à vivre des vacances chargées !

Summary of the Story

Paul is a lovely little boy, but he is also full of life and energy: his parents are exhausted, and they need a break. Paul's father comes up with the idea to send him to summer camp, where he will have plenty of room to spend his energy, do a lot of activities and enjoy the outdoors. Paul and his parents arrive to the campsite, where the lady in charge explains the program. As she enumerates the never-ending list of activities that are sure to keep their son active throughout the summer, Paul's parents have more and more reasons to be happy about their decision!

Vocabulary

- **activités de plein air :** outdoor activities
- **animaux de la forêt :** wild animals, forest animals
- **août :** August
- **après-midi :** afternoon
- **automne :** autumn, fall
- **averse :** showers (rain)
- **avril :** April
- **beau temps :** nice weather
- **bricolage :** DIY, workmanshift
- **canicule :** heat wave
- **ciel gris :** grey sky
- **citrouille :** pumpkin
- **couvert :** cloudy (sky)
- **cuisine :** kitchen
- **décembre :** December
- **dimanche :** Sunday
- **ensoleillé :** sunny
- **épuisé / épuisé :** exhausted
- **été :** summer
- **extinction des feux :** lights out
- **fête nationale :** national holiday
- **fin de journée :** end of the day
- **fin de matinée :** late morning
- **foudre :** lightning
- **grand air :** fresh air, open air
- **heure :** hour
- **hiver :** winter
- **huit heures moins quart :** quarter to eight
- **hyperactif :** hyperactive (person)
- **jour :** day
- **jour férié :** public holiday
- **journée :** day
- **juillet :** July
- **juin :** June
- **lundi :** Monday
- **mai :** May
- **mars :** March
- **matin :** morning
- **midi :** noon
- **minuit :** midnight
- **mois :** month
- **neige :** snow
- **Noël :** Christmas
- **nuage :** cloud

- **nuageux / nuageuse :** cloudy
- **onze heures et quart :** quarter past eleven
- **pleut :** pleuvoir – to rain
- **printemps :** spring
- **reposer (se) :** to rest
- **réunion :** meeting
- **réveil :** upon waking up
- **s'abriter :** to take shelter
- **samedi :** Saturday
- **se défouler :** to unwind
- **seconde :** second
- **seize heures :** 4 pm, 16.00
- **semaine :** week
- **sept heures et demie :** half past seven
- **septembre :** September
- **sieste :** nap
- **soirée :** evening
- **soleil :** sun
- **spectacle :** show
- **tard :** late
- **tonnerre :** thunder
- **tôt :** early
- **toujours :** always
- **tranquillement :** quietly, peacefully
- **une demi-heure :** half an hour
- **vendredi :** Friday
- **vent :** wind

Questions About the Story

1. À quelle heure est le réveil ?
   a) 7:30-7:45
   b) 6:30-7:15
   c) 7-8

2. Combien de temps les enfants ont-ils pour ranger leur chambre ?
   a) 30 minutes
   b) 1 heure
   c) 1h30

3. Quand est-ce que les animaux auront besoin des abris ?
   a) l'été
   b) la nuit
   c) l'automne et l'hiver

4. Comment appelle-t-on un ciel nuageux ?
   a) couvert
   b) fermé
   c) sombre

5. Durant quels mois les enfants peuvent-ils profiter de la neige ?
   a) l'automne
   b) le printemps
   c) l'hiver

Answers

1. A
2. A
3. C
4. A
5. C

Chapter Twelve
FOOD AND DRINKS

L'ingrédient secret – The Secret Ingredient

À l'occasion d'un concours de **cuisine** international, plusieurs **chefs** de grands restaurants sont réunis dans une grande salle où la compétition est intense pendant trois jours. Chaque chef, avec son **équipe**, doit **impressionner** un jury de **critiques culinaires** pour remporter la **médaille d'or** de champion du monde de cuisine **gastronomique**.

Il y a de très jeunes chefs et des chefs plus âgés, il y a des **pâtissiers**, des **sauciers**, des **commis de cuisine**, des **chocolatiers**, des **glaciers**, des chefs **végétariens** et des spécialistes de la **viande** ou du **poisson**. Les grandes nations de la **bonne table** sont représentées : la France, l'Italie, l'Espagne, la Chine, le Japon, la Grande-Bretagne, le Vietnam, l'Allemagne, la Grèce… Ils sont tous prêts à **en découdre** pour prouver qu'ils sont les meilleurs.

Le concours est organisé avec des thèmes : les **entrées**, les **plats principaux**, les **desserts**, les **gâteaux**, les **gibiers**, les **poissons**, les **soupes**, les **glaces**, les **spécialités**, les **légumes**, le **chocolat**, les **vins**, etc. L'équipe qui a le plus de points remporte le titre.

Les juges sont là pour **déguster**, **goûter**, **dévorer** et **savourer** les plats préparés par les meilleurs au monde. Ils doivent **garder la tête froide** et juger avec recul et objectivité. Pas toujours facile quand on a la tête qui tourne avec tout ce **vin**, ce **champagne** et ces **épices** du monde entier.

Chaque soir, de retour à leur hôtel, les membres du jury se retrouvent pour échanger sur leur expérience.

- Mon Dieu, quelle merveille c'était, ce **mille-feuille** de légumes du chef vietnamien ! Dit l'une d'entre eux.

- Absolument ! Il a mérité ses points aujourd'hui ! Ces **saveurs** étaient splendides, répond un confrère.

- Moi, c'est les **ballotins** de **riz vapeur** et **saumon** du chef allemand qui m'ont séduit. Comment donner autant de **goût** et de **sensations** avec des **produits frais** si simples ? C'est de la magie ! Enchaîne un juré extatique.

- Et cette **terrine** de **homard** ? De l'Anglais ? Vous en avez pensé quoi ? Demande l'un d'eux.

- **Bof.** Pas assez travaillé. Il aurait fallu du **piment** ou un **bouillon aigre doux** pour **relever** le goût.

- Oui je suis d'accord, c'était **fade.** Pas assez d'**arômes.**

- Eh bien moi, messieurs-dames, je suis encore sous le choc du **Paris-Brest** d'hier ! Des gâteaux à la **crème** et **pâte à choux**, j'en ai déjà goûté, mais des pâtisseries de ce **calibre**, jamais !

- Pourtant c'est un classique. Maîtrisé, mais classique !

- Oui eh bien moi ces pâtisseries ultra **légères** aux **fruits confits** et **agrumes** ne me font pas autant d'effet. Vive le classique.

- Je partage, cher confrère ! Vive la crème, le **beurre**, les **œufs** et le **sucre** ! Un dessert, ça doit être **gourmand** !

- Nous avons quand même de la chance. Nos ventres sont remplis de cette **nourriture** exceptionnelle. Sans même que nous **ayons faim**, nous passons la journée **à table**…

-… et notre **estomac** y **survit**, sans que nous devenions obèses ou **diabétiques** ou n'ayons de **cholestérol** ! Interrompt l'un d'eux.

Le groupe éclate de rire. Ils se dirigent ensuite vers le **bar** de l'hôtel.

- Je suis bien incapable de **manger** quoi que ce soit ce soir. Un **repas** est au-dessus de mes forces.

- Pareil. Pour moi ce sera un **digestif,** une **liqueur** ou un cognac.

- Moi, j'ai en permanence sur moi des **bonbons** à la menthe pour faciliter la digestion sans ruiner mes papilles.

- Eh bien moi je prendrais bien un verre de très bon Bordeaux ou Bourgogne, si possible, histoire de me rincer la bouche après cette horrible **piquette** qu'on nous a servie dans le concours de **sommeliers**.

- Vous exagérez. Ce n'était pas un **grand cru**, d'accord, mais pas une piquette. Ce sont de nouveaux **cépages** auxquels nos palais ne sont pas habitués, voilà tout. Les vins d'Argentine n'ont rien à voir avec les grands domaines français.

- Contrairement à vous tous, moi, je crois que j'**ai un petit creux**, déclare un jeune juré.

- Quelle santé ! Vous êtes un **ogre** !

- Oui, mais j'ai envie de quelque chose de très simple, comme une pizza ou un **plat de pâtes**, ou encore une **salade** avec du **fromage de chèvre** et des **olives.** Et une petite part de **tarte**, peut-être.

- Si les chefs vous entendaient, ça leur couperait l'**appétit** ! Réagit un de ses collègues.

- On ne peut pas se nourrir de cuisine gastronomique cinq étoiles à tous les repas. On finirait par ne plus l'apprécier. Mais la **cuisine familiale**, des **pommes de terre sautées**, une **omelette** ou un **plat maison**, c'est excellent aussi. Tant que c'est fait avec amour !

- Moi je prendrai une **bière** et une **assiette** de **charcuterie**. J'étais sur le concours de cuisine végétarienne toute la journée et j'ai besoin de manger gras.

- Messieurs-dames, si Paul Bocuse vous entendait, il se retournerait dans sa tombe.

- Savez-vous quelle était la **recette** préférée du plus grand chef de tous les temps, qu'il n'a jamais voulu partager, chère collègue ?

- Non, mais je suis curieuse.

- Le **gratin** de **restes de la veille** de sa mère ! Quand on vous dit que le plus grand **ingrédient**, c'est l'amour !

Résumé de l'histoire

Une grande compétition internationale de cuisine regroupe les plus grands chefs des meilleurs restaurants du monde entier. Les membres du jury, qui ont la tâche de goûter tous les plats et de récompenser les plus grands cuisiniers, se retrouvent le soir et discutent de ce qu'ils ont aimé ou moins aimé. C'est l'occasion pour eux, en coulisses de la compétition, de donner leur propre définition de la bonne cuisine. Certaines révélations vont être surprenantes !

Summary of the Story

In an international cooking competition, the most talented and brilliant chefs from the best restaurants in the entire world face each other in a cookout. The jury members, in charge of tasting every dish and discerning awards to the best cooks, get together at the end of the day to talk about what they liked or not. It's an opportunity for them to share, behind the curtains of the competition, what their own definition of great food is. Some of their revelations will be very surprising!

Vocabulary

- **à l'occasion de :** on the occasion of
- **à table :** around the table, or "dinner is served"
- **agrume :** citrus fruit
- **ai un petit creux :** avoir un petit creux – to get peckish
- **aigre doux :** sweet and sour
- **appétit :** appetite
- **arôme :** aroma
- **assiette** : plate
- **ayons faim :** avoir faim – to be hungry
- **ballotin :** vegetables tied together
- **beurre** : butter
- **bière** : beer
- **bof :** meh
- **bonbon :** candy
- **bonne table :** good table, good food
- **bouillon :** broth, stock
- **calibre :** caliber
- **cépage :** grape variety, variety of wine
- **charcuterie** : cold cuts
- **chef :** cooking chef
- **chocolat :** chocolate
- **chocolatier :** chocolate maker
- **commis de cuisine :** commis chef, kitchen helper
- **crème :** cream
- **critique culinaire :** food reviewer
- **cuisine :** kitchen, food preparation
- **cuisine familiale :** homemade cooking
- **déguster :** to taste with enjoyment
- **dévorer :** to devour, to eat with gluttony
- **diabétique :** diabetic person
- **digestif :** digestive (liquor)
- **en découdre :** to confront someone or something
- **entrée :** entry
- **épice :** spice
- **équipe :** team
- **estomac** : stomach
- **fade :** tasteless, bland

- **fromage de chèvre** : goat cheese
- **fruit confit** : candied fruit
- **garder la tête froide** : to keep a cool head
- **gastronomique** : gastronomic
- **gâteau** : cake
- **gibier** : game meat
- **glace** : ice cream
- **gourmand** : gourmet
- **goût** : taste
- **goûter** : to taste, to try
- **grand cru** : great vintage wine
- **gratin** : oven dish, with melted cheese on top
- **homard** : lobster
- **impressionner** : to impress
- **léger/légère** : light
- **légume** : vegetable
- **liqueur** : liquor
- **manger** : to eat
- **médaille d'or** : gold medal
- **nourriture** : food
- **œuf** : egg
- **ogre / ogresse** : ogre/glutton, who eats a lot
- **omelette** : egg omelet

- **Paris Brest** : *Paris-Brest*, French pastry
- **pâte à chou** : dough, pastry
- **pâtissier** : pastry chef
- **piment** : chili
- **piquette** : bad wine
- **pâtes** : pasta dish
- **plat maison** : homemade dish
- **plat** : dish
- **plat principal** : main dish
- **poisson** : fish
- **pommes de terre sautées** : pan-fried potatoes
- **produit frais** : fresh produce
- **recette** : recipe
- **relever** : to spice up
- **repas** : meal
- **restes de la veille** : leftovers
- **riz vapeur** : rice
- **salade** : salad
- **saucier** : sauce specialist
- **saumon** : salmon
- **saveur** : flavour
- **savourer** : to taste with enjoyment
- **sommelier** : wine waiter

- **soupe** : soup
- **spécialité** : food specialty
- **sucre** : sugar
- **survit** : survivre – to survive
- **tarte** : pie
- **terrine** : pâté
- **végétarien** : vegetarian
- **viande** : meat
- **vin** : wine

Questions About the Story

1. Avec quoi était fait le mille-feuille ?

    a) des fruits
    b) du poissons
    c) des légumes

2. Qu'est-ce que le jury reproche à la terrine de homard ?

    a) trop épicée
    b) trop fade
    c) trop froide

3. Qu'y a-t-il dans le Paris-Brest ?

    a) des épices
    b) du chou
    c) de la crème

4. Les pommes de terre sautées sont un plat…

    a) allemand
    b) gastronomique
    c) familial

5. Un digestif est…

    a) un alcool
    b) un bonbon
    c) un médicament

Answers

1) C
2) B
3) C
4) C
5) A

Chapter Thirteen
PROFESSIONS AND HOBBIES

Les motards – The Biker Gang

La scène se passe dans une station-service. Le **pompiste** discute avec un vieil **ami** au **comptoir**. Un groupe d'une quinzaine de motards arrive pour **faire le plein**, puis faire une petite pause le long de la route. Ils sont tous vêtus de **cuir,** avec des **tatouages** et des lunettes de soleil. Ils ont vraiment l'air de gros **durs à cuire**, surtout avec ces **écussons** sur leurs blousons.

L'un d'entre eux entre et **serre la main** du pompiste et lui demande comment ça va. Il lui achète un paquet de chewing-gum, puis repart.

L'ami du pompiste demande à ce dernier :
- Tu le connais, ce motard ?
- Oui ! C'est Franck, mon **banquier** !
- Tu **plaisantes** ? Ton banquier ?
- Absolument.
- Ton banquier fait partie d'un groupe de motards ?
- Oui et pourquoi pas ? **L'habit ne fait pas le moine,** tu sais. Mon banquier est un motard, mais il est aussi **bénévole** à l'hôpital : il se déguise en **clown** pour amuser les enfants **malades**.
- Ça alors ! C'est fou !
- Tu vois la femme qui est avec lui ? C'est sa femme, elle est **fleuriste**, et c'est une super **joueuse de tennis** !
- Eh bien. C'est sûr qu'on est loin des groupes de **mauvais**

garçons qu'on voit à la télévision. Ce n'est pas vraiment *Easy Rider* !

Le pompiste rit de bon cœur.

- C'est tout un groupe d'amis qui **font de la moto** ensemble et des balades les week-ends. Tu vois le grand **type** avec le foulard bleu ? C'est l'**instituteur** de mon fils. La semaine dernière, il lui a appris à j**ouer aux dames**. Son **frère** fait aussi partie du groupe. Il est **médecin** – **pédiatre**, je crois – et avant il travaillait dans l'**humanitaire** avec Médecins sans Frontières. Il sauvait des enfants dans des camps de réfugiés. Tu vois celui qui nous **fait signe de la main** ? C'est un as en **informatique**, il me **dépanne** à chaque fois que j'ai un problème. À sa droite, c'est Jean-Louis, mon **collègue mécanicien**. Derrière lui, c'est sa copine, elle est **étudiante** aux **Beaux-Arts**. C'est elle qui a sculpté la statue à l'entrée de la ville.

- C'est vraiment étonnant. Ils n'ont pas du tout **la tête de l'emploi** !

- Tu crois que tu as la tête de l'emploi, toi ? Avec tes petites **lunettes** rondes et tes cheveux gris ? Penses-tu vraiment que les gens pourraient deviner que tu **collectionnes** les **jeux vidéo** ?

- Ha ha ! Oui c'est vrai ! C'est pareil pour toi mon cher : un pompiste **champion de rallye** auto !

- Voilà, tu vois, tout cela c'est la **preuve** que les gens ne portent pas sur le front leur métier ou leurs **passions**. En parlant de passions, tu sais que j'ai découvert **par hasard** que mon fils était **blogueur** ? Il fait des vidéos et des textes sur le sport automobile !

- Tel père, tel fils.

- Je vais finir par croire que tout le monde a une seconde vie ou un **loisir caché**. Ma femme **donne des cours** de **crochet** à ses copines, et elles font du **tricot urbain**. Tu sais ce que c'est, toi ?

- Pas la **moindre** idée !

- D'après ce que j'ai compris, ça **consiste** à recouvrir des arbres ou des poteaux en ville avec des morceaux de tricot ou de crochet !

Comme des graffitis, mais avec des **aiguilles** et du **fil** ! Non, mais je te jure. Une **gendarme** qui fait des graffitis !

   - Ha ha ! Les gendarmes font des graffitis et les motards sont des banquiers ! Il faut vraiment se méfier des **apparences** !

Résumé de l'histoire

Deux amis qui discutent sont interrompus par l'arrivée d'un groupe de motards, tatoués, barbus et vêtus de cuir. Les apparences s'avèrent tout à fait trompeuses quand les deux hommes réalisent qu'ils ne sont pas du tout ce qu'ils semblent être. De fil en aiguille, les deux amis font le tour des gens qu'ils connaissent et découvrent leurs passions secrètes, ce qui confirme ce proverbe : l'habit ne fait pas le moine !

Summary of the Story

Two friends are having a conversation at a gas station when suddenly, a group of bikers arrives, all of them wearing tattoos, beards and leather jackets. Looks turned out to be deceiving as the two men realize the bikers are not what they appeared to be at first glance. As the two friends keep talking about their friends and family, they discover that all of them have secret hobbies, which confirms the old saying: you can't judge a book by its cover!

Vocabulary

- **aiguille :** needle
- **ami / amie :** friend
- **apparence :** appearance
- **avoir la tête de l'emploi :** to fit the part
- **banquier:** banker
- **beaux-arts:** fine arts
- **bénévole :** volunteer
- **blogueur / blogueuse :** blogger
- **caché / cachée :** hidden
- **champion de rallye :** rally champion
- **collectionnes :** collectionner – to collect
- **collègue:** colleague, co-worker
- **comptoir:** counter
- **consiste:** consister – to consist of
- **cuir:** leather
- **dépanne :** dépanner – to help, to fix
- **donne des cours:** donner des cours – to teach
- **dur à cuire :** tough cookie
- **étudiant / étudiante :** student
- **faire le plein :** to fill your gas tank
- **fait signe de la main :** faire signe de la main – to wave at somebody
- **fil:** thread
- **fleuriste:** florist
- **font de la moto :** faire de la moto – to ride a motorbike
- **frère :** brother
- **gendarme:** a branch of the French military, policing rural and semi-rural areas
- **humanitaire:** humanitarian aid
- **informatique :** IT
- **instituteur / institutrice:** school teacher
- **jeu vidéo:** video game
- **jouer aux dames :** to play checkers
- **joueur /joueuse de tennis :** tennis player
- **l'habit ne fait pas le moine :** don't judge a book by its cover
- **loisir:** hobby

- **lunettes :** glasses
- **malade :** sick, ill
- **mauvais garçon :** bad boy
- **mécanicien /mécanicienne :** mechanic
- **médecin :** medical doctor
- **moindre;** the least
- **motard:** biker
- **par hasard:** by chance, by accident
- **pédiatre:** pediatrician
- **plaisante :** plaisanter – to joke
- **pompiste:** gas station attendant
- **preuve :** proof
- **serre la main :** serrer la main – to shake hands
- **tatouage:** tattoo
- **tricot urbain:** yarn bombing
- **type:** guy

Questions About the Story

1. **Lorsqu'il est bénévole à l'hôpital, le banquier se déguise en...**
   a) motard
   b) clown
   c) fleuriste

2. **L'homme au foulard bleu est...**
   a) instituteur
   b) médecin
   c) joueur de tennis

3. **Qui collectionne les jeux vidéo ?**
   a) le pompiste
   b) le fils du pompiste
   c) l'ami du pompiste

4. **La femme du pompiste enseigne à ses amies...**
   a) le tricot
   b) le crochet
   c) le graffiti

5. **Qui a un blog ?**
   a) le pompiste
   b) le fils du pompiste
   c) la femme du pompiste

Answers

1) B
2) A
3) C
4) B
5) B

Chapter Fourteen
ACTION VERBS

Un entraîneur spécial – A Special Coach

Hélène a passé tout l'hiver à **regarder** la télévision, à **dormir** et à **manger** du chocolat. Elle s'est **laissée aller**. Dix kilos supplémentaires plus tard, elle **prend** une décision : elle **va** se **remettre** au sport ! Décision facile à **prendre**, mais difficile à **tenir** ! Comment **trouver** la motivation ? Elle **demande** l'avis de son frère, un grand sportif qui lui **donne** toujours de bons conseils :

- Comment **faire** pour me motiver et me donner envie de bouger ?
- **Adopte** un chien, lui **dit** son frère.
- Un chien ? Tu **crois** ?
- Oh tu vas **voir** ! Fais-moi confiance. **Adopte** un chien. Tu feras du sport sans même le **savoir** !

Bon. Après tout, cela fait déjà longtemps qu'Hélène **veut** un animal de compagnie, et elle **aime** les chiens. Elle **habite** dans une maison, elle **a** un jardin et comme elle **travaille** à temps partiel, elle a le temps de s'en occuper. Elle **pense** que ce n'est pas une si mauvaise idée. Elle se rend donc à la SPA et **adopte** un magnifique jeune labrador pour lequel elle a le **coup de foudre,** puis elle le **ramène** chez elle.

« Je vais t'**appeler** Hector. Hector le labrador. » Le jeune chien semble absolument excité à l'idée. Hélène se **demande** si les chiens peuvent **rire,** parce que Hector **montre** toujours un grand sourire.

« On va **sortir** t'**acheter** un lit, de quoi **manger** et des jouets, Hector ! ». Hélène **part** donc avec son nouveau compagnon en direction de l'animalerie. À peine dehors, Hector s'échappe, car Hélène a **oublié** d'attacher sa laisse. Il se **lance** à la poursuite d'un chat du quartier, qu'il **suit** sous une voiture et dans une cabane de jeu pour enfants. Hélène doit escalader et se tortiller pour **réussir** à **attraper** le chien dans le jeu, puis elle se plie pour ramper et **descendre** par le tunnel du toboggan.

« Hector ! Ça **commence** bien ! Je suis déjà à bout de souffle de te **courir** après ! Allons **chercher** tes affaires, et tu **montes** derrière pour me **laisser conduire** tranquillement ».

À l'**animalerie**, Hélène s'étonne de tout ce qu'on peut **acheter** à un chien ! Il y a vraiment de tout. La **queue** d'Hector **bouge** dans tous les sens. Il y a toutes sortes de nourriture, de balles pour **jouer**, de paniers, de brosses, de ballons... Hélène **choisit** un panier assez grand pour le chiot qui deviendra adulte, des croquettes, des gamelles pour **boire**... Et en se retournant, elle voit Hector très occupé à **essayer** tous les jouets du rayon.

« Tu as besoin que je t'**aide** à choisir ? Tu **étudies** le mode d'emploi ? Je te laisse **réfléchir**, je vais **payer**. **Reste** là. **Attends**-moi.»

Hélène **réussit** à **porter** jusqu'à la caisse toutes les affaires. Elle a les bras qui brûlent : il doit bien y avoir vingt kilos d'achats ! Alors qu'elle est occupée à **écrire** un chèque et essayer de **finir** de tout charger dans des sacs, elle **entend** des cris derrière elle. Elle **comprend** que son chien **doit** être responsable et se retourne...

« Hector ! **Arrête** ça tout de suite ! **Viens** ici ! » Le jeune labrador a **trouvé** les cages des oiseaux et traumatise les canaris et les perruches en **sautant** sur toutes les cages pour faire voler et s'affoler les pauvres bêtes ! C'est un véritable chaos ! Il parvient à faire **tomber** une pile de boîtes à et **ouvrir** une cage contenant deux gros perroquets qui s'envolent dans le magasin. Hélène et la vendeuse se **lancent** alors à leur poursuite tandis qu'Hector s'installe confortablement dans un panier pour **regarder** le spectacle et écouter les canaris **chanter.**

Vingt minutes de chasse aux perroquets plus tard, les oiseaux sont de retour dans leur cage, et Hector et Hélène sont **mis à la porte** de l'animalerie par la vendeuse **en colère**.

Hélène réussit à faire **entrer** toutes les affaires dans le coffre de la voiture, montre la banquette arrière à son chien et marche rapidement jusqu'à la place du conducteur.

- Hector, tu ne **bouges** plus ! Si l'on doit **vivre** ensemble, tu vas devoir apprendre à **écouter** et **rester** bien sagement là où je te dis, quand je te le **dis** ! Je dois **pouvoir** te **laisser** deux minutes seul sans avoir à **prier** que tout se passe bien !

- Woof !

- Et ne me **réponds** pas !

Les deux amis reprennent la route. Hélène se dit que le chien doit avoir besoin de **courir** et fait un arrêt au parc. Elle prend soin de bien attacher sa nouvelle laisse avant de le laisser sortir de la voiture. Elle **commence** à **connaître** l'animal !

Hélène et l'animal se promènent tranquillement. Hector **observe** la nature, les papillons et le pollen qui **dansent** dans le vent. Hélène **joue** avec lui en lui **lançant** une branche qu'il lui ramène. Ils se courent après, se cachent... Le chien semble être très heureux, et Hélène ne pense plus à ses kilos en trop. Mais elle est bien fatiguée de sa journée avec son nouvel ami !

« Tu sais Hector, quand je me suis **levée** ce matin, je **n'avais pas le moral**. Puis tu es arrivé ! Sans m'en rendre compte, j'ai fait de la **gymnastique**, de la **course à pied**, de l'**escalade**, de la **musculation**...

Ça fait beaucoup de sport ! Mon frère avait raison ! Demain, si tu veux, nous irons **nager**. Je **connais** un petit lac très mignon. Et tu sais le meilleur dans tout ça ? Ça me fait du bien de te **parler** et de te voir si content. Tu es vraiment le meilleur de tous les coachs sportifs ! »

Le chien pose doucement sa tête sur la jambe de sa maîtresse, et ils **s'endorment** tous les deux pour une sieste bien méritée.

Résumé de l'histoire

Hélène se réveille un matin avec le moral un peu bas et décide que faire du sport va l'aider à se sentir mieux. Elle appelle son frère pour lui demander comment se mettre au sport. Celui-ci lui donne un conseil surprenant : il lui dit d'adopter un chien ! C'est comme ça qu'Hélène se retrouve avec un nouvel ami : un jeune labrador qu'elle appelle Hector. La première journée de vie commune avec le chien va s'avérer pleine de surprises pour Hélène.

Summary of the Story

Hélène wakes up in a bit of a sad mood and decides that exercise will help her feel better. She calls her brother on the phone to ask him for advice on how to get started. He gives her a surprising tip: he says she should adopt a dog! That's how Hélène ends up with a new friend: a young Labrador retriever she decides to name Hector. On their first day together, Hélène learns that this dog will bring her a lot more than what she was expecting.

Vocabulary

- **acheter** : to buy
- **adopter** : to adopt
- **aider** : to help
- **aimer** : to love
- **aller** : to go
- **animalerie** : pet shop
- **appeler** : to call
- **arrête**r : to stop
- **attendre** : to wait
- **attraper** : to catch
- **boire** : to drink
- **bouger** : to move
- **chanter** : to sing
- **chercher** : to search, to look for
- **choisir** : to choose
- **commencer** : to start
- **comprendre** : to understand
- **conduire** : to drive
- **connaître** : to know
- **coup de foudre** : love at first sight
- **courir** : to run
- **course à pied** : running
- **croire** : to believe
- **danser** : to dance
- **demander** : to ask
- **descendre** : to go down
- **devoir** : to have to, must
- **dire** : to say
- **donner** : to give
- **dormir** : to sleep
- **écouter** : to listen
- **écrire** : to write
- **en colère** : angry
- **entendre** : to hear
- **entraîneur/entraîneuse** : coach
- **entrer** : to enter, to come in
- **escalade** : climbing
- **essayer** : to try
- **étudier** : to study
- **faire** : to do
- **finir** : to finish, to end
- **gymnastique** : gymnastics
- **habiter** : to live somewhere
- **jouer** : to play
- **laisser** : to leave, to let
- **lancer** : to throw
- **manger** : to eat
- **mettre à la porte** : to kick out
- **monter** : to go up, to climb
- **montrer** : to show

- **musculation** : bodybuilding
- **nager** : to swim
- **ne pas avoir le moral** : to feel down, in a sad mood
- **observer** : to observe
- **oublier** : to forget
- **ouvrir** : to open
- **parler** : to speak
- **partir** : to go, to leave
- **payer** : to pay
- **penser** : to think
- **porter** : to carry
- **pouvoir** : can, to be able to
- **prendre** : to take
- **prier** : to pray
- **queue** : tail
- **ramener** : to bring back
- **réfléchir** : to think, to reflect on
- **regarder** : to look, to watch
- **remettre** : to put (something) back
- **répondre** : to answer
- **rester** : to stay
- **réussir** : to be successful at
- **rire** : to laugh
- **s'endormir** : to fall asleep
- **sauter** : to jump
- **savoir** : to know
- **se lever** : to get up
- **sortir** : to go out
- **suivre** : to follow
- **tenir** : to hold
- **tomber** : to fall
- **travailler** : to work
- **trouver** : to find
- **venir** : to come
- **vivre** : to live
- **voir** : to see
- **vouloir** : to want

Questions About the Story

1. Hélène demande conseil à son frère pour…
   a) choisir un chien
   b) faire du sport
   c) perdre du poids

2. Quand on va chercher un chien à la SPA, on…
   a) l'achète
   b) le loue
   c) l'adopte

3. La première question qu'Hélène se pose sur le chien, c'est de savoir s'il peut…
   a) rire
   b) sourire
   c) parler

4. Que fait le chien pendant qu'Hélène et la vendeuse chassent les oiseaux ?
   a) il regarde
   b) il saute
   c) il joue

5. Qu'a prévu Hélène demain ?
   a) de dormir
   b) de manger
   c) de nager

Answers

1) B
2) C
3) A
4) A
5) C

Chapter Fifteen
MASCULINE / FEMININE

La migraine – The Headache

Un étudiant anglais, James, et son camarade français, Michel, discutent en prenant leur repas entre deux cours à l'Université.

– Tu voudrais bien corriger mon devoir de français ? Demande James.

– Bien sûr ! Mais tu sais, je crois que tu n'en as pas besoin. Tu es excellent.

– Je suis bon pour tout ce qui est rationnel et logique, mais il y a un cas en français qui est tout simplement **incompréhensible** : le **masculin** et **féminin** ! Il n'y a que les Français pour connaître le **genre** d'un mot, je crois que toutes les autres langues du monde ont simplifié le problème avec le **neutre** : « a » et « the ». Problème résolu !

– Ha ha ! Ce n'est pourtant pas si **compliqué** ! C'est même assez **logique** : « **un danseur, une danseuse** », « un vendeur, une vendeuse », « **un maître, une maîtresse** », « **un chat, une chatte** »...

– ... « **un chien, une chienne** », « **un cheval**, une chevallesse », « **un crocodile**, une cro... » Attends. C'est quoi **la femelle du crocodile** ? demande James un peu perdu.

– Eh bien en fait, on dit « un cheval, **une jument** », comme « un coq, **une poule** ». Il y en a quelques-uns comme ça. Dans le cas du crocodile, on dit... « la femelle du crocodile » ! Ha ha ! Bon, ce sont de mauvais exemples que tu as choisis. Mais quand tu es dans cette situation, tu peux aussi dire « **la femelle** du cheval ». Ce n'est pas très joli, mais c'est juste ! Je t'accorde qu'il y a quelques exceptions.

— Dis-moi plutôt ce qui n'est pas exceptionnel...

— Oh arrête un peu, c'est facile. Écoute : « **un touriste** » si c'est un **homme**, « **une touriste** » si c'est une **femme**. Pareil, « **un journaliste, une journaliste** ». Et quand ça ne marche pas, tu peux dire « **une femme plombier** ». Bon certes, il y a bien « **un steward et une hôtesse de l'air** », mais c'est particulier, s'amuse Michel.

— Mais bien sûr. Évidemment, toi c'est ta **langue maternelle**. C'est normal pour toi que tout cela semble naturel. Ça ne l'est pas pour moi !

— Bon, mais sois **prudent** hein. Ne demande pas à ta « **jardinière** » de couper tes **rosiers**, tu passerais pour un fou !

— Ha ha. Très drôle. En fait, James n'est pas amusé du tout.

— Je crois que le plus simple c'est que tu **apprennes par cœur** ceux dont tu as besoin.

— Tu es au courant qu'il y a 200 000 mots dans ta langue ?

— Vrai. Mais le français de tous les jours retombe à 3000 mots ! Trois mille mots, ça va. C'est pas énorme !

— À condition d'avoir un **cerveau** d'**ordinateur**, sans doute, se lamente James. Ce n'est quand même pas logique « un jour, une journée », « **une saison, un été** », « **un pays, une nation** ». Vous dites « **la France, la Chine** », mais « **le Canada, le Japon** ». C'est un choix politique ?

— Oh hé ça va hein ! En anglais, pour vous, un bateau c'est une **dame**. « she » ! Tu trouves ça logique ?

— Michel, c'est à peu près la seule exception en anglais. Tu es de mauvaise foi.

— Dis-toi que les mots **doux** et **agréables** sont **féminins** : « **une boisson, une maison, une sieste, une caresse, une plage, une chanson, une surprise, une confiture...** » Et les mots moins **plaisants** sont **masculins** : « **un tribunal, un coup, un malaise, un**

arrêt, un devoir, un examen, un hiver, un jour de travail... » répond Michel avec du **sarcasme** dans la voix.

– Alors si je te suis bien, « **bisou** » c'est féminin et « **piqûre** » c'est masculin ? Demande James.

– Non, c'est l'**inverse** en fait. Michel éclate de rire, et James soupire.

– J'ai **mal à la tête**. Tout ça me met le **cerveau** en **ébullition**. J'ai besoin d'une remède pour soigner mon migraine, se plaint James.

– Presque. « **Un remède, une migrain**e ». Mon pauvre James ! Allez, je compatis. C'est vrai que le français est une langue **à y perdre son latin** !

Résumé de l'histoire

James l'Anglais et Michel le Français étudient ensemble à l'Université. James demande de l'aide à son ami Michel pour corriger un de ses devoirs dans lequel il a peur d'avoir fait des fautes. S'ensuit une longue discussion sur les difficultés de la langue française, et pour James, peu de compassion de la part de Michel !

Summary of the Story

James the Englishman and Michel the Frenchman study together at the University. James asks Michel for his help in proofreading one of his assignments in which he fears he has made a few mistakes. This request is followed by a long and funny conversation about the difficulties of the French language, in which Michel shows little to no compassion for his comrade!

Vocabulary

- **agréable** : nice
- **apprennes** : apprendre – to learn
- **compliqué** : complicated
- **doux / douce** : sweet, nice
- **en ébullition** : boiling
- **féminin** : feminine
- **incompréhensible** : incomprehensible
- **inverse** : contrary, opposite
- **la Chine** : China
- **la France** : France
- **le Canada** : Canada
- **le Japon** : Japan
- **masculin** : masculine
- **neutre** : neutral
- **par cœur** : by heart
- **perdre son latin** : to be confused, completely baffled
- **plaisant / plaisante** : nice, agreeable
- **prudent / prudente** : prudent, careful

MASCULINE WORDS :

- **un arrêt** : a stop
- **un bisou** : a kiss
- **un cerveau** : a brain
- **un chat** : a cat
- **un cheval** : a horse
- **un chien** : a dog
- **un coup** : a knock, a punch
- **un crocodile** : a crocodile
- **un danseur** : a dancer
- **un devoir** : homework
- **un été** : one summer
- **un examen** : an exam, a test
- **un genre** : a gender
- **un hiver** : one winter
- **un homme** : a man
- **un jour de travail** : a day at work
- **un journaliste** : a journalist
- **un maître** : a master
- **un mal de tête** : a headache
- **un malaise** : an feeling of faintness
- **un ordinateur** : a

- computer
- **un pays** : a country
- **un remède** : a remedy, a drug
- **un rosier** : a rose bush
- **le sarcasme** : sarcasm
- **un steward** : a plane steward
- **un touriste** : a tourist
- **un tribunal** : a courthouse
- **un vendeur** : a store attendant

FEMININE WORDS :

- **une boisson** : a drink, a beverage
- **une caresse** : caress, a gentle touch
- **une chanson** : a song
- **une chatte** : a female cat
- **une chienne** : a dog
- **une confiture** : a jam
- **une dame** : a lady
- **une danseuse** : a female dancer
- **une femelle** : a female
- **une femme** : a woman
- **une hôtesse de l'air** : a plane stewardess
- **une jardinière** : a window box
- **une journaliste** : a female journalist
- **une jument** : a female horse
- **une langue maternelle** : a native langage, a mother tongue
- **une logique** : logic, reasoning
- **une maison** : a house
- **une maîtresse** : a female school teacher
- **une migraine** : a migraine
- **une nation** : a nation
- **une piqûre** : a sting, an injection
- **une plage** : a beach
- **une poule** : a hen
- **une saison** : a season
- **une sieste** : a nap
- **une surprise** : a surprise
- **une touriste** : a female tourist
- **une vendeuse** : a female shop attendant

Questions About the Story

1. **Lequel de ces mots est féminin ?**

    a) chaton

    b) chat

    c) chatte

2. **Lequel de ces mots est masculin ?**

    a) chienne

    b) pays

    c) jardinière

3. **Quelle est la forme masculine de poule ?**

    a) coq

    b) pou

    c) poulet

4. **Quelle est la forme féminine de steward ?**

    a) stewarde

    b) stewardesse

    c) hôtesse de l'air

5. **Chanson » est un mot...**

    a) masculin

    b) féminin

    c) neuter

Answers

1) C
2) B
3) A
4) C
5) B

Chapter Sixteen

HOMONYMS AND HOMOPHONES

Les copines – The Girlfriends

Un groupe d'amies se retrouve après le travail pour aller au cinéma. Elles sont toutes mariées, avec des enfants. Elles se retrouvent une fois par semaine pour profiter d'un moment rien qu'à elles, sans mari, sans enfant, pour se détendre et échanger des potins. Elles ne se sont pas vues depuis un mois, car elles sont parties en vacances, chacune de son côté. Ravies de se retrouver, elles sont impatientes de se raconter leur été...

– Oh, les filles ! J'ai failli recevoir une **amende** pour excès de vitesse tellement j'étais pressée d'arriver, souffle l'une d'entre elles qui arrive en courant.

– Ah ! Moi je suis arrivée avec un **quart** d'heure d'avance ! Je **cours** depuis ce matin pour ne pas manquer ce rendez-vous.

– Et moi j'ai **faim** ! Je n'ai mangé qu'une **amande** et bu un **verre** d'**eau** depuis ce matin. Il est temps de se **mettre** à table ! Répond la troisième femme.

– **Au** secours ! Comment tu fais pour tenir ?

– Eh bien pourtant **crois**-moi, j'ai des réserves : deux semaines de vacances à l'**hôtel** avec pension complète ! On n'a pas arrêté de manger, et pas que des légumes **verts** !

– Et toi Charlotte, tu es rentrée quand ?

– Ah mais moi, je suis partie au mois de **mai** avec ma **mère**. Nous sommes allées **vers** la **mer** en Bretagne et le **Mont** Saint-Michel. Je suis restée dans le coin cet été.

– Génial. Et toi, Sabine, **quand** pars-tu ?

– Je voulais partir au **mois** de septembre et me mettre au **vert, mais** finalement on va rester. On a fait une **croix** sur les vacances. Mon mari est **sans** emploi et mon fils ne veut pas bouger, **car** il a de l'école.

– Je **vois.** Ce n'est pas de chance. Mais tu pourras toujours **faire** des **balades** à vélo dans la région et profiter des magnifiques **champs** de blé. Tu **peux** aussi venir profiter un **peu** de la piscine chez **moi,** la rassure Charlotte.

– Merci, c'est gentil. Alors on commande ? Il paraît que ce restaurant est **bon** et pas **cher.** En plus, j'ai gagné un **bon** d'achat **cette** semaine ! Avec le **coût** de la vie, aucun complexe !

– Je ne te le fais pas dire, enchérit Sabine. J'avais regardé pour inscrire les enfants en **camps** de vacances, mais en voyant le prix, j'ai fait un **bond.** Allez, que cela ne nous coupe pas l'appétit ! Je vais prendre des spaghettis, j'adore les **pâtes.** Je **sens** que je vais ressortir d'ici comme un vrai **poids** lourd à quatre **pattes** !

– Ne dis pas de bêtises, voyons, tu n'as que la **peau** sur les **os.** On dirait que tu te nourris de petits **pois** ! Tu **goûtes** le magret de canard avec moi ? C'est très **fin.**

– En parlant de petits pois ! Savez-vous ce que m'a fait ma fille pendant les vacances ? Elle a perdu une **dent** en mangeant des petits pois ! Il faut le **faire** ! Si elle avait croqué **dans** un morceau de pain dur comme le **fer,** j'aurais compris ! Et à dix-**sept** ans, perdre une dent, vous imaginez le drame ! Elle ne voulait plus ouvrir la bouche jusqu'à la **fin** des vacances. Elle est pleine de complexes cette petite. Je devrais l'emmener voir un psy, **qu'en** pensez-vous ?

– Mais non ! C'est juste une adolescente ! Inscris-la à un cours de **chant,** ça va l'obliger à être moins timide. Elle a une belle **voix** !

– Bon, mais revenons à notre menu. Moi, c'est régime. Je ne bois plus une **goutte** de vin, un **pot** d'eau ça ira. Mais vous, vous buvez quoi ?

– Tu devrais, ça fait circuler le **sang** !

– **Cent** euros la bouteille, ils exagèrent !

– Au **fait** Isabelle, ton amoureux t'emmène bientôt devant l'**autel** ?

– **Chères** amies, vous serez les premières invitées à la **fête**, ne vous en **faites** pas ; **car** pour le moment, il n'a pas l'air très tenté par le mariage. Je pensais qu'il ferait sa demande cet été à Venise, un soir sur une **ballade** romantique… j'ai attendu, mais rien !

– Ah, les hommes ! Tu sais, ne sois pas trop impatiente. Le mariage, c'est un mythe. Le **père** de mes enfants **perd** sa **paire** de lunettes tous les matins, et il ronfle si fort que parfois ça me **tente** d'aller dormir sous la **tente**.

– Eh bien, dit l'une d'entre elles, levons nos **verres** aux joies du mariage, et au plaisir de se moquer de nos maris et enfants entre copines !

Résumé de l'histoire

Un groupe de mères de famille et épouses, copines depuis longtemps, se retrouve toutes les semaines pour passer un moment agréable ensemble, loin de leurs responsabilités et de leurs maris. Elles en profitent généralement pour se raconter les histoires de la maison. C'est le retour des vacances et elles ne se sont pas vues depuis un mois. Elles profitent d'un dîner au restaurant pour se raconter leurs vacances !

Summary of the Story

A group of long-time girlfriends, all wives and mothers, get together every week to have a moment to themselves, away from their daily routines, responsibilities and respective husbands. It's generally a good time for them to speak about the little stories that happen at home. They are now just getting back from vacation and haven't seen each other in a month. A friendly dinner at the restaurant is a good opportunity for them to talk about what happened during their vacation.

Vocabulary

- **amande** : almond
- **amende** : a fine
- **au secours !** : help!
- **autel** : altar (church)
- **balade** : stroll, walk
- **ballade** : ballad
- **bon / bonne** : good
- **bond** : leap
- **camp** : camp
- **car** : because
- **cent** : hundred
- **ce/cette** : this
- **champs** : field
- **chant** : song, singing
- **cher / chère** : dear
- **cours** : lessons
- **coût** : cost, price
- **crois** : croire – to believe
- **croix** : cross
- **dans** : in
- **dent** : tooth
- **eau** : water
- **faim** : hunger
- **faire** : to do, to make
- **fer** : iron
- **fête** : party
- **fin / fine:** delicate, thin
- **goûtes** : goûter – to taste
- **goutte** : droplet
- **hôtel** : hotel
- **mai** : May
- **mer** : sea
- **mère** : mother
- **moi** : me
- **mois** : month
- **mont** : mount, hill
- **un os, des os** : a bone, bones
- **paire** : pair
- **pâtes** : pasta
- **patte** : paw
- **perd** : perdre – to lose
- **père** : father
- **peu** : a little, a few
- **peux** : pouvoir – can, to be able to
- **poids** : weight
- **pois** : pea
- **pot** : pot, jar
- **qu'en** : que - that
- **quand** : when
- **quart** : quarter
- **sang** : blood
- **sans** : without
- **sens** : sense
- **sept** : seven

- **tente** : tenter – to tempt, to attempt
- **tente** : tent
- **verre** : glass
- **vers** : toward
- **vert** : green
- **vois** : voir – to see
- **voix** : voice

Questions About the Story

1. **Lequel de ces mots désigne une couleur ?**

    a) vert

    b) vers

    c) verre

2. **Comment écrit-on le chiffre « 100 » ?**

    a) sang

    b) cent

    c) sens

3. **Quand le prix est élevé, on dit que c'est…**

    a) chair

    b) chère

    c) cher

4. **Janvier est un…**

    a) mois

    b) moi

    c) moit

5. **Dans la phrase « le père perd sa paire », quel est le verbe ?**

    a) père

    b) perd

    c) paire

Answers

1) A
2) B
3) C
4) A
5) B

Chapter Seventeen
PAST AND FUTURE

Les voyageurs du temps – The Time Travelers

Lorsqu'ils étaient à l'école ensemble et qu'**ils avaient dix ans**, un petit groupe d'enfants **écrivit dans un cahier**, qu'ils **enterrèrent** plus tard dans un parc, **ce qu'ils voulaient faire quand ils seraient grands**. Ils **s'étaient promis** de se retrouver quand ils **auraient grandi** et qu'**ils auraient trente ans**, pour déterrer le cahier. **Leurs parents vivaient** tous dans le même quartier. **C'était en** 1998. Nous sommes désormais en 2018, vingt ans plus tard. **Le groupe d'enfants a tenu sa promesse** : **ils sont devenus des adultes** aujourd'hui et se retrouvent à l'occasion d'une fête pour déterrer le **cahier.** L'un d'entre eux prend la parole :

- Ça fait bizarre de se retrouver tous ici. Voyons déjà si notre boîte avec le cahier est toujours **enterrée** sous cet arbre...

Il prend sa **pelle** et creuse. Oui ! La boîte est toujours là ! Nerveusement, le groupe se resserre autour du trésor qu'**ils viennent de déterrer...**

- Si je me souviens bien, **c'est moi qui ai écrit** la première page, dit Noémie, une jeune femme aux cheveux roux.
- Alors à toi l'honneur, lui répond l'homme à la pelle. Il lui tend le vieux cahier.
- Je ne me souviens plus de **ce que j'ai écrit**. Elle lit à voix haute sa page : « Je m'appelle Noémie, j'ai dix ans, et quand je **serai** grande, **je serai maman** ! Je veux plein d'enfants, des filles et des

garçons. **Ils seront tous gentils** et bien élevés, et **nous ferons** plein de choses ensemble. » Wow ! Dit-elle. Je n'arrive pas à croire que je **voyais** déjà les choses comme ça ! C'est fou !

- Et alors ? **Tu as eu des enfants ?** Lui demande une autre jeune femme à côté d'elle.

- Deux ! Et **j'ai appris hier** que j'étais **enceinte** du troisième ! **C'était le destin !**

Le groupe **applaudit** cette bonne nouvelle, tout en embrassant chacun à leur tour la jeune femme pour la féliciter.

- Noémie, dis-nous **qui a écrit** la page suivante, lui demande l'homme à la pelle.

- C'est… Sophie ! Forcément, **nous étions très proches** à l'époque !

Sophie prend le cahier et lit :

- « Je ne sais pas trop quoi écrire sur ce cahier, mais je le fais parce que si je ne le fais pas, **les autres diront encore que** je n'en fais qu'à ma tête. Alors j'espère juste que dans vingt ans, **ils me laisseront tranquille** et que **je pourrai faire** ce que je veux ! J'aimerais bien devenir chef, pour pouvoir décider toute seule et **faire ce que je voudrai** quand je voudrai. » Ha ha ! Super ! Elle éclate de rire.

- Alors Sophie, tu es chef ? Lui demande Noémie.

- Presque. Je suis maîtresse d'école ! Comme ça, c'est moi qui décide toute la journée ce que font tous les enfants de ma classe ! Je leur dis quand **ranger** leurs affaires et quand s'asseoir ! Alors oui, c'est moi le chef !

- C'est super, jusque-là on a deux sur deux. Réussite totale. Qui est le prochain ?

- Attends, je regarde… c'est toi, Marc ! Sophie tend le cahier à l'homme qui tient la pelle. Il la pose et s'essuie les mains avant de le prendre.

- Moi, je me souviens très bien de **ce que j'avais écrit. J'ai dû écrire** que je serais **pompier**. Je me souviens en avoir rêvé toute mon enfance ! Alors, il est écrit… « Moi, je suis Marc et **je serai pompier** quand je serai grand. **J'éteindrai des feux** et je sauverai **des chats** dans les arbres. **J'aurai un casque** avec une grande visière. PS : Si je ne me souviens plus ou j'ai caché la réserve de bonbons pour ne pas que mon frère les mange tous quand **je retrouverai ce cahier**, ils sont cachés dans la paire de **bottes en caoutchouc** de papy. » Et voilà, **je vous l'avais dit** : pompier ! Mais cela dit, **je ne suis jamais devenu** pompier ; mais j'ai bien un **casque** avec une grande **visière** : je suis soudeur !

- Et **ton frère a-t-il trouvé** la cachette de bonbons ? Demande son ami.

- Non, mais je me souviens de cette histoire ! **Mon grand-père les a trouvés** et **il les a tous mangés** ! J'avais retrouvé les **emballages** vides dans la poche de sa veste de pêche !

Tout le groupe éclate de rire.

- Allez, c'est à toi Thomas. Vas-y, lis-nous ton histoire.

Un jeune homme **blond** avec de grosses lunettes prend le cahier.

- Ah oui… Regardez… Moi **je n'avais rien écrit**, mais **j'étais fan** de **bandes dessinées** à l'époque et **j'avais fait un dessin** plutôt pas mal de l'Incroyable Hulk ! Il dit : « je suis l'Incroyable Thomas et **je serai dessinateur** de bandes dessinées. »

- Et **l'es-tu devenu** ? Demande Noémie.

- Non, mais en revanche, je suis **éditeur** et j'en publie ! J'ai ma propre collection de bandes dessinées. Je choisis les dessinateurs et les histoires. Il ne reste plus que toi, Louis. À toi de nous lire ta page. Il passe le cahier au dernier garçon.

- Alors, moi ça dit : « Je suis Louis, je suis un visiteur du passé.

Quand tu trouveras ce texte, c'est que **j'aurai fait un voyage** spatio-temporel dans le futur, pour te révéler ton **avenir**. Je sais déjà que **tu vas avoir** un prix Nobel de **physique** pour tes inventions géniales et que **tu vas révolutionner** la science. **Tu seras** un **visionnaire** et **en avance sur ton temps** ! Alors bonne chance à toi, futur moi ». Ha ha ! C'est tout à fait moi !

- Et alors, Thomas ? Demande Marc. **L'as-tu eu**, ton prix Nobel ?

- Un prix Nobel de **physique futuriste**, non. Mais j'ai eu un diplôme d'**archéologie** !

- Ah ! Alors le petit Thomas qui **avait dix ans a vu** juste ! **Il pouvait** vraiment lire l'avenir ! Regarde-toi aujourd'hui, à déterrer le passé ! Tu le **mérites**, ton Prix Nobel !

Résumé de l'histoire

Un groupe de trentenaires qui s'étaient perdus de vue depuis vingt ans se retrouve mystérieusement autour d'un arbre, pour déterrer une boîte qu'ils avaient enterrée lorsqu'ils étaient encore enfants. Mais que contient cette boîte ? Quels mystères renferme-t-elle ? La découverte de ce trésor leur réserve de véritables révélations. Ce n'est pas une boîte, c'est une machine à voyager dans le temps...

Summary of the Story

A group of old friends in their thirties finds themselves gathered around a tree. Twenty years have passed since the last time they saw each other, and they are now ready to dig up a box they had buried there when they were kids. What's inside the box? What mysteries are hidden inside? The discovery of this treasure holds true revelations for the group. It is not just a regular box, it is a time machine...

Vocabulary

- **lorsqu'ils étaient à l'école** : when they were in school
- **ils avaient dix ans** : they were ten years old
- **écrivit dans un cahier** : wrote in a notebook
- **enterrèrent** : they buried
- **ce qu'ils voulaient faire** : what they wanted to do
- **quand ils seraient grands** : when they would be grown ups
- **ils s'étaient promis** : they promised each other
- **quand ils auraient grandi** : when they would have grown up
- **ils auraient trente ans** : they would be thirty years old
- **leurs parents vivaient** : their parents lived
- **c'était en 1998** : it was in 1998
- **le groupe d'enfants a tenu sa promesse** : the group of kids kept its promise
- **ils sont devenus des adultes** : they became adults
- **cahier** : notebook
- **enterré / enterrée** : burried (passive)
- **pelle** : shovel
- **ils viennent de déterrer** : they just unburried
- **c'est moi qui ai écrit** : it's me who has written
- **ce que j'ai écrit** : what I have written
- **quand je serai grande** : when I grow up
- **je serai maman** : I will be a mum
- **ils seront tous gentils** : they will all be kind
- **nous ferons** : we will do
- **je voyais** : I was seeing
- **tu as eu des enfants** : you had kids
- **j'ai appris hier** : I learned yesterday
- **enceinte** : pregnant
- **c'était le destin** : it was destiny
- **applaudit** : applaudir – to

158

- applaud
- **qui a écrit :** who wrote
- **nous étions très proches :** we were very close
- **les autres diront :** the others will say
- **ils me laisseront tranquille :** they will leave me alone
- **je pourrai faire :** I will be able to do
- **ce que je voudrai :** what I will want
- **ranger :** to clean, to tidy up
- **ce que j'avais écrit :** what I had written
- **j'ai dû écrire :** I must have written
- **je serai pompier :** I will be a fireman
- **j'éteindrai des feux :** I will extinguish fires
- **je sauverai des chats :** I will save cats
- **j'aurai un casque :** I will have a helmet
- **je retrouverai ce cahier :** I will find this notebook
- **botte en caoutchouc :** rubber boot
- **je vous l'avais dit :** I told you
- **je ne suis jamais devenu :** I never became
- **casque :** helmet
- **visière :** visor
- **ton frère a-t-il trouvé :** has your brother found
- **mon grand-père les a trouvés :** my grandfather found them
- **il les a tous mangés :** he ate them all
- **j'avais retrouvé les emballages :** I had found the wrappings
- **blond :** blonde
- **je n'avais rien écrit :** I had not written anything
- **j'étais fan :** I was a fan
- **bande dessinée :** comic book
- **j'avais fait un dessin :** I had drawn a picture
- **je serai dessinateur :** I will be an illustrator
- **l'es-tu devenu :** did you become (it)
- **éditeur / éditrice :** publisher
- **quand tu trouveras :**

- when you will find
- **j'aurai fait un voyage :** I will have traveled
- **avenir :** what's ahead, future, destiny
- **tu vas avoir :** you will have
- **physique :** physics
- **tu vas révolutionner :** you will revolutionize
- **tu seras :** you will be
- **visionnaire :** visionary

- **en avance sur ton temps :** ahead of your time
- **l'as-tu eu :** did you get it
- **futuriste :** futuristic
- **archéologie :** archeology
- **avait dix ans :** was ten years old
- **a vu :** has seen
- **il pouvait :** he could
- **mérites :** mériter – to deserve

Questions About the Story

1. La boîte contenant le cahier a été enterrée…

    a) Il y a 10 ans
    b) Il y a 20 ans
    c) Il y a 30 ans

2. Les bonbons cachés ont-ils été découverts ?

    a) oui
    b) non
    c) on ne sait pas

3. Sophie…

    a) voulait être chef
    b) voulait être institutrice
    c) voulait être maman

4. Thomas voulait être…

    a) voyageur
    b) Prix Nobel
    c) archéologue

5. Thomas est aujourd'hui…

    a) voyageur
    b) Prix Nobel
    c) archéologue

Answers

1) B
2) A
3) A
4) B
5) C

Chapter Eighteen
SHOPPING AND ORDERING

De la vitrine à l'écran - From the Window to the Screen

Julie rentre, exténuée, d'un après-midi de **lèche-vitrine**. Elle se couche sur le canapé, retire ses chaussures et laisse ses **sacs de courses** par terre. Elle a l'impression qu'elle vient de courir un marathon. Ses pieds brûlent. Elle a les bras **sans vie** et elle est **ruinée** ! C'est ter-mi-né. Fini le shopping ! C'est bien parce qu'elle n'avait plus **rien à se mettre** qu'elle s'est infligé ce supplice. Il n'est plus question de marcher des kilomètres, d'entrer et de sortir de cinquante **magasins** différents, d'**essayer** dix **pantalons** pour en **acheter** un, de **faire la queue** devant les **cabines d'essayage** et la **file indienne** devant la **caisse**, tout ça pour, à la fin de la journée, se retrouver sans un **sou** !

C'est le vingt et unième siècle après tout, nous n'avons plus à nous infliger une épreuve pareille. C'est décidé. Désormais, Julie fera son shopping **en ligne**. Plus de temps à perdre avec ces bêtises. En plus, c'est certain, elle fera des **économies** et ne sera pas tentée d'**acheter** ce dont elle n'a pas besoin. **Économique** et pratique : vive la technologie.

Deux mois plus tard, Julie a tenu bon et n'a pas fait de nouvelles séances de shopping. Par contre, la période des **soldes** commence aujourd'hui. Impossible de passer à côté de ces soldes et de ces **offres promotionnelles** ! Julie est bien décidée à faire les soldes loin de la foule et de la **frénésie acheteuse** : elle va faire ses **achats** sur son ordinateur, bien confortablement assise sur son canapé, en pyjama, et elle va se contenter d'acheter ce dont elle a besoin. Elle a une liste ! C'est parti !

Pour commencer, il lui faut une nouvelle paire de **baskets**. Sa **marque** préférée fait une **démarque** à **moins 50 %**. C'est le moment d'en **profiter**. Elle sait quel **modèle** elle veut, elle connaît sa **pointure** et elle a déjà calculé la **ristourne**. Il ne reste plus qu'à **commander**… mais voilà : le modèle qu'elle voulait n'est déjà plus **disponible**. Elle en trouve un autre, mais il n'y a plus sa **taille**. Et finalement, ce n'est pas 50 % de remise, c'est 20 %. Tant pis. C'est mieux que rien.

Prochaine étape : trouver un **cadeau** pour la fête des Mères. La **boutique en ligne** a justement une section « Fête des Mères ». Le marketing est bien fait, il n'y a pas à dire : sur Internet, on a le sens du **commerce** ! Après de longues minutes à parcourir la boutique en ligne, Julie réalise avec horreur qu'il y a beaucoup trop de choix. Elle ne sait pas quoi prendre. Des milliers de **références**, c'est beaucoup plus de choix que dans les **magasins**. Elle finit par se décider pour un **collier fantaisie fait main**. Elle **clique**, et hop, dans le **panier**… mais ça ne semble pas marcher. Alors elle reclique, reclique… Ah ! Finalement le panier est activé ! Elle va pouvoir **payer la note,** laisser son adresse de **livraison** et valider la **commande**. Elle précisera sur le **bon de commande** qu'il s'agit d'un cadeau : elle voudrait un **emballage** et que le **prix** soit caché. Merveille de la technologie, le **vendeur** en ligne est relié à sa **carte bancaire** : **paiement automatisé** par **virement**. Julie clique sur « valider », mécaniquement… mais quelle horreur ! 270 euros ! Comment ça se fait ? Le collier **vaut** 27 euros. Elle retourne vérifier, puis c'est bien 27 euros qui étaient indiqués sur l'**étiquette.**

Malheureusement, Julie a été trop impatiente et a cliqué dix fois : elle a commandé dix colliers ! Elle passe l'heure qui suit à essayer de contacter le vendeur pour **annuler** sa commande et modifier les **quantités**. Elle a de la chance, le **commerçant** accepte. Ouf. **Plus de peur que de mal.**

Le dernier achat des soldes, ce sera la superbe **offre promotionnelle deux en un,** sur une machine à laver et une sécheuse de qualité, à un **prix défiant toute concurrence**. Pas besoin de **négocier**, le prix est fabuleux. Acheté, commandé, validé et… **paiement refusé**. Comment ça ? Julie appelle immédiatement sa **banque**. Elle apprend que c'est à cause des 270 euros qu'elle vient de **dépenser** : elle a atteint son maximum de **débit** et elle est **à découvert**. Impossible de continuer ses achats tant que le vendeur du collier n'a pas annulé la **transaction**. Quel cauchemar. C'était l'affaire du siècle. Et demain, c'est sûr qu'il n'y aura plus de machines **en stock**, le vendeur aura été **dévalisé.**

À la fin de sa **journée de soldes** sur Internet, Julie est de nouveau couchée sur son canapé, épuisée, les **oreilles** rougies par les heures au téléphone pour **débloquer** son **moyen de paiement**, avec une migraine à cause de l'écran et des crampes dans le **doigt** qui tenait la **souris**.

Trois jours plus tard, Julie trouve des **avis de passage** dans sa boîte aux lettres. Le **facteur** et les **livreurs** sont venus pour lui remettre ses **colis**, mais elle était absente. Il va donc falloir qu'elle aille chercher par ses propres moyens : une paire de chaussures au **bureau de poste**, un collier dans un **point-relais** à l'autre bout de la ville et… une machine à laver et un **sèche-linge** « **à retirer** en magasin » ! Le cauchemar n'est donc pas terminé.

Cette fois c'est sûr, Julie est déterminée. Les achats en ligne c'est ter-mi-né ! Désormais, elle ira faire ses **achats** en **magasin**, comme tout le monde. Ce sera beaucoup plus simple et moins fatigant.

Résumé de l'histoire

Julie est une acheteuse compulsive. Elle aime parcourir les boutiques et acheter des choses, pour elle-même ou pour faire des cadeaux. Mais elle se rend vite à l'évidence : le shopping est une activité épuisante ainsi qu'une grande perte d'argent ! Elle prend donc la décision de ne plus aller courir d'un magasin à un autre, mais de faire les prochaines soldes sur Internet, en faisant ses achats en ligne. Elle se dit que cela lui permettra d'économiser de l'argent et de gagner du temps... mais est-ce que ce sera vraiment le cas ?

Summary of the Story

Julie is a serial shopper. She loves to visit the shops and buy various things for herself or as presents for others. But she soon faces the facts: shopping is both exhausting and a waste of money! She then decides to stop running from one shop to the other and starts taking advantage of online deals by shopping on her computer. She believes it will be much better this way, as she will save time and money... but will she really?

Vocabulary

- **à découvert** : overdrawn
- **retirer** : to collect
- **achat** : purchase
- **acheter** : to buy
- **annuler** : to cancel
- **avis de passage** : delivery notice
- **banque** : bank
- **baskets** : running shoes
- **bon de commande** : purchase order
- **boutique en ligne** : online shop
- **bureau de poste** : post office
- **cabine d'essayage** : dressing room
- **cadeau** : gift
- **caisse** : checkout
- **carte bancaire** : debit card
- **clique** : cliquer – to click (computer)
- **colis** : parcel
- **collier fantaisie** : fashion necklace
- **commande** : order
- **commerçant /**
- **commerçante** : seller
- **commerce** : shop
- **débloquer** : to unlock
- **défiant toute concurrence** : highly competitive
- **démarque** : mark down sale
- **dépenser** : to spend
- **deux en un** : two-in-one
- **dévalisé / dévalisée** : robbed (in this case, figuratively)
- **disponible** : available
- **doigt** : finger
- **économies** : savings
- **économique** : economical
- **écran** : screen
- **emballage** : wrapping
- **en ligne** : online
- **en stock** : in stock
- **essayer** : to try on
- **étiquette** : label, price tag
- **facteur** : postman
- **faire la queue** : to wait in line
- **fait main** : handmade
- **file indienne** : single line

- **frénésie acheteuse :** shopping frenzy
- **journée de soldes :** sales day (ex.: Black Friday)
- **lèche-vitrine :** window-shopping
- **livraison :** delivery
- **livreur / livreuse :** delivery man / delivery woman
- **magasin :** shop
- **marque :** brand
- **modèle :** model, design
- **moins 50 % :** half price
- **moyen de paiement :** payment method
- **négocier :** to negotiate
- **offre promotionnelle :** special offer
- **oreille :** ear
- **paiement automatisé :** automated payment
- **paiement refusé :** payment declined
- **panier :** basket, cart
- **pantalons :** pants, trousers
- **payer la note :** to pay the bill

- **plus de peur que de mal :** no harm done
- **point-relais :** delivery relay
- **pointure :** shoe size
- **prix :** price
- **profiter :** to benefit from
- **quantité :** quantity, amount
- **rien à se mettre :** nothing to wear
- **ristourne :** rebate
- **ruiné /ruinée :** broke
- **sac de courses :** shopping bag
- **sans vie :** lifeless
- **sèche-linge :** dryer (for clothes)
- **soldes :** sales
- **sou :** penny, cent
- **souris :** mouse (computer)
- **taille :** size
- **vaut :** valoir – to be worth
- **vendeur / vendeuse :** seller
- **virement :** bank transfer
- **vitrine :** window

Questions About the Story

1. **Quel est le cadeau que Julie a prévu pour sa mère ?**
   a) des baskets
   b) un lave-linge
   c) un collier

2. **Quel est le véritable prix du cadeau de Julie pour sa mère ?**
   a) 27 €
   b) 270 €
   c) 54 €

3. **Le problème rencontré par Julie avec ses baskets est que…**
   a) la taille ne va pas
   b) le prix a changé
   c) le modèle qu'elle voulait n'est plus disponible

4. **Julie devra aller chercher son sèche-linge…**
   a) en magasin
   b) au bureau de poste
   c) au point-relais

5. **Pour les prochaines soldes, Julie a décidé de faire ses achats…**
   a) en magasin
   b) sur Internet
   c) à crédit

Answers

1) C
2) A
3) C
4) A
5) A

Chapter Nineteen
EVERYDAY TASKS

Les souvenirs – The Memories

David vient **rendre visite** à son père à la maison de retraite. Le vieil homme a 85 ans et il est là depuis 2 ans. David a le cœur lourd chaque fois qu'il voit son père.

Il y a encore deux ans, il **allait très bien**. Il **était en bonne santé**, il **vivait** normalement. Et puis, quand la mère de David est décédée, la santé de son père a commencé à décliner. La famille **s'est rendu compte** que le veuf **perdait la tête**. Il avait des pertes de mémoire, de plus en plus graves.

Au début, le père **oubliait** la date, ou simplement qu'il avait **pris un rendez-vous** chez le coiffeur ou le médecin. Après, il a commencé à oublier qu'il avait **mis un plat au four** ou qu'il avait **allumé le gaz**. Cela aurait pu créer des accidents, mais heureusement, rien de grave ne s'est produit. Un jour, David a remarqué que son père ne savait plus **se faire à manger**. Il avait mis n'importe quoi dans une casserole, puis commençait son repas par le dessert. Il allait **acheter du pain** à la pharmacie. Il avait **plaisanté** en lui disant que si ça continuait comme ça, son père allait **s'habiller** en **mettant ses chaussures** avant d'**enfiler ses chaussettes**…

La situation est devenue plus inquiétante lorsque David a remarqué que son père oubliait de **se laver** et de **s'habiller**. Il ne **se rasait** plus, ne savait plus **se brosser les dents**. David avait été pris de panique à l'idée que son père oublie de **boire** ou de **manger**.

Un jour, la sœur de David est venue **rendre visite** à son père. Il ne l'a pas reconnue. Il fallait alors **se rendre à l'évidence** : ce que ses enfants avaient pris pour de la dépression était beaucoup plus grave que cela. Le médecin devrait le **soigner** pour la maladie d'Alzheimer. Il devrait réapprendre à **faire les choses** du **quotidien**, comme **se doucher**, ouvrir et **fermer sa porte à clé**. Pour le reste, les enfants du vieil homme avaient engagé une dame pour **faire le ménage** et **ranger** un peu, puis une autre pour **faire les courses**. Une **infirmière** passait de temps en temps s'assurer qu'il **prenait ses médicaments**, **se nourrissait** et **s'hydratait** convenablement.

David essayait de passer le plus souvent possible pour aller **se promener** avec son père et **regarder la télévision** avec lui. Il se disait que **parler des actualités** et **jouer aux cartes** avec lui entretiendrait son esprit. Puis, David a remarqué que son père ne **parlait** plus que des actualités… d'il y a vingt ans en arrière. Si on lui demandait ce qu'il s'était passé la **veille**, il n'en avait aucune idée et **changeait de sujet**. David a été vraiment très étonné un jour en **croisant la voisine** alors qu'il sortait avec son père **prendre l'air**. Il avait dit à celle-ci : « venez **boire un café**, ma femme sera contente de vous voir. Nous n'avons pas beaucoup de visites ». Son père avait simplement oublié que la femme qu'il avait épousée et avec qui il avait vécu pendant 60 ans était décédée.

Alors, toute la famille s'était réunie pour **décider** qu'il fallait **déménager** le vieil homme et le laisser **vieillir** dans un endroit où il serait protégé et surveillé, là où on s'occuperait bien de lui. C'est comme ça que son père s'était retrouvé à la **maison de retraite**, avec une **mémoire** qui diminuait un peu plus chaque jour. Depuis environ 2 mois, il avait oublié le **prénom** de son fils. David, c'est pourtant un prénom simple. Le père confondait son fils David avec son petit-fils Joseph et parfois avec son frère André, mais il était toujours content d'avoir de la visite et de le voir. C'est pourquoi

David continuait à y aller.

En prenant une grande respiration et en **serrant** contre lui la boîte de chocolats qu'il venait lui **apporter**, David frappa à la porte et entra.

— Bonjour papa.
— Bonjour monsieur.
— Comment vas-tu aujourd'hui ?
— Ça va très bien ! Ils ont **ouvert la fenêtre**, **changé les draps** et **planté des arbres** dans le jardin.
— Je t'ai apporté des chocolats.

Le vieil homme s'approche, prend la boîte de chocolats et **s'assied** en la **posant** sur ses genoux. Il **l'ouvre** délicatement et en tend un à David.

— Non papa, c'est pour toi. Mange-les.
— Prends-en un, allons. Ce sont tes préférés.
— Tu... tu te souviens de ça ? Lui dit David très ému et étonné.
— Tu sais, j'ai peut-être oublié ton prénom. J'ai sans doute le cerveau qui **déraille** par moment, mais il y a une chose que je n'oublierai jamais. C'est le jour où mon petit garçon avec sa première pièce d'**argent de poche** gagnée en **lavant la voiture** est **rentré à la maison** tout fier en nous montrant le chocolat qu'il était allé **s'acheter**. Tu l'as **gardé** près de toi sous ton **oreiller** pendant plusieurs jours avant de le manger ! Pour qu'il dure plus longtemps, j'imagine !

David se mit à **pleurer**.
Il avait complètement oublié.

Résumé de l'histoire

David rend visite à son père à la maison de retraite, où il vit depuis qu'il a la maladie d'Alzheimer. Sur le chemin, il repense aux quelques mois qui ont précédé l'installation de son père dans cet endroit, à la façon dont la santé du vieil homme avait décliné depuis la mort de sa mère. Il est nostalgique et se demande avec nervosité combien de temps il lui reste avant que son père oublie qui il est. Il a déjà oublié son prénom. Que reste-t-il du lien père-fils lorsque la mémoire s'efface ?

Summary of the Story

David visits his father at the retirement home, where the old man lives since he was diagnosed with Alzheimer's disease. On the way to his father's room, David recalls the previous months that lead to his father being moved there, and how his memory faded away after the passing of his wife. He is nostalgic and anxiously wonders how much time is left before his own father forgets about him. He had already forgotten his name a few times in the past. What remains of the father-son bond when memory fades away?

Vocabulary

- **acheter du pain :** to buy some bread
- **allait très bien :** aller très bien – felt very well
- **allumé le gaz:** allumer le gaz – to switch on the gas cooker
- **apporter:** to bring
- **argent de poche :** pocket money
- **boire un café :** to drink a coffee
- **changé les draps:** changer les draps - to change the bedsheets
- **changeait de sujet :** changer de sujet – to change the subject
- **croisant la voisine :** croiser la voisine – to bump into the neighbor
- **décider:** to decide
- **déménager:** to move (to a new home)
- **déraille:** dérailler – to lose your marbles
- **enfiler ses chaussettes :** to put on some socks
- **était en bonne santé :** être en bonne santé – to be in good health
- **faire le ménage:** to tidy up, to clean

- **faire les courses:** to buy groceries
- **fermer sa porte à clé :** to lock the door
- **gardé / gardée :** kept
- **infirmier / infirmière :** nurse
- **jouer aux cartes :** to play cards
- **ouvre:** ouvrir – to open
- **lavant la voiture :** laver la voiture – to wash the car
- **maison de retraite:** retirement home
- **manger:** to eat
- **mémoire:** memory
- **mettant ses chaussures :** mettre ses chaussures – to put shoes on
- **mis un plat au four :** mettre un plat au four – to put a dish in the oven
- **oreiller:** pillow
- **oubliait :** oublier – to forget
- **ouvert la fenêtre :** ouvrir la fenêtre – to open the window
- **parler des actualités:** to discuss or debate about the news
- **perdait la tête:** perdre la tête – to lose your mind

- **planté des arbres :** planter des arbres – to plant some trees
- **pleurer:** to cry
- **posant:** poser – to put something somewhere
- **prenait ses médicaments :** prendre ses médicaments – to take his medicine
- **prendre l'air:** to breathe some air
- **prénom :** first name
- **pris un rendez-vous :** prendre un rendez-vous – to make an appointment
- **quotidien:** daily
- **ranger:** to clean up, tidy up
- **regarder la télévision:** to watch television
- **rendre visite:** to pay a visit
- **rentré à la maison :** rentrer à la maison – to come back home
- **s'acheter :** to buy oneself something
- **s'assied:** s'asseoir – to sit down
- **s'est rendu compte :** se rendre compte – to realize
- **s'habiller:** to get dressed
- **s'hydratait:** s'hydrater – to get hydrated
- **se brosser les dents:** to brush your teeth
- **se doucher:** to shower
- **se faire à manger :** to cook, make something to eat
- **se laver:** to wash oneself, to take a bath
- **se nourrissait:** se nourrir – to eat
- **se promener :** to take a stroll
- **se rasait:** se raser – to shave
- **se rendre à l'évidence :** to recognize, to acknowledge
- **serrant:** serrer – to hold tight
- **soigner:** to take care
- **souvenir:** memory
- **veille:** the day before
- **vieillir:** to get older
- **vivait:** vivre – to live

Questions About the Story

1. **Depuis combien de temps le père de David est-il en maison de retraite ?**

   a) 2 mois
   b) 2 ans
   c) 2 semaines

2. **Par quoi le père de David commençait-il ses repas ?**

   a) le vin
   b) le pain
   c) le dessert

3. **Quel cadeau David apporte-t-il à son père ?**

   a) un jeu de cartes
   b) des chocolats
   c) une télévision

4. **Comment David a-t-il gagné son premier argent de poche ?**

   a) en jouant aux cartes
   b) à l'école
   c) en lavant une voiture

5. **Où David avait-il caché son chocolat ?**

   a) sous son oreiller
   b) sous son lit
   c) dans sa poche

Answers

1) B
2) C
3) B
4) C
5) A

Chapter Twenty
BASIC VOCABULARY PART 2

La mise en garde – The Warning

Hugh est **survolté.** Ce **jeune** Australien prend **l'avion** pour Paris. Dans quelques longues heures de **vol**, il sera en France. Il en a toujours rêvé ! Il est impatient de **découvrir** Paris, de visiter le Louvre, d'**admirer** les Champs-Élysées, de **photographier** Montmartre... **Tout le monde** lui a dit : « tu vas **adorer** la France ! »

Il **prend place à bord** du Boeing. L'avion est **plein à craquer**. Il y a beaucoup de touristes australiens ainsi que de **nombreux** Français. Il y a aussi quelques **étrangers** qui ont **sans doute** une **correspondance** à l'**aéroport** Charles de Gaulle, **lieu** de **destination** du vol.

Hugh place ses **affaires** dans le **compartiment** du dessus. Il s'assied à côté d'un homme d'une cinquantaine d'années, **à moitié endormi**. Tout le monde prend place, l'avion est **complet**, puis il se lance sur la piste pour le **décollage.** En route !

Au bout d'une heure de vol, le voisin de Hugh se décide à lui **faire la conversation.**

– C'est la première fois que vous allez à Paris ?
– Oui, répond Hugh. Je suis très **content.**
– Pourquoi ? Il n'y a vraiment pas de quoi. Les Français ne sont pas très **sympathiques.**
– Ah bon ! On m'a dit le contraire.
– C'est le **pire** peuple du monde, dans le plus beau pays du

monde. Les Parisiens sont les plus **antipathiques.**

— Eh bien ! Vous **connaissez** bien la France ?

— Oui, j'y suis déjà allé une dizaine de fois. Je l'ai visitée du nord au sud et de jour comme de nuit, à pied, en voiture, en train.

— Vous avez de la chance. Vous avez dû voir de belles **choses.**

— De très beaux **paysages**, de grands musées, la **campagne**, des restaurants **extraordinaires** ; ça, c'est sûr. **Dommage** que les habitants aient **gâché** le plaisir. Ne leur dites surtout pas que vous êtes Australien, ils vont vous parler de **kangourous** et de crocodiles.

— Ça ne me **dérange** pas de parler de kangourous. Ils n'aiment pas les Australiens ?

— Ils n'aiment que le Général de Gaulle et les bons repas. Et **se disputer** : ils adorent se disputer.

— Vous avez dû faire de mauvaises expériences pour en parler comme ça. Pourquoi êtes-vous allé dix fois si vous n'avez pas aimé ?

— J'y étais **obligé.**

— Moi j'y vais pour le **plaisir** et pour le voyage. Je compte bien y rester le plus longtemps et voir le plus de choses que je pourrai.

— Ne restez pas trop longtemps.

— Pourquoi ?

— Vous risquez de **tomber amoureux.**

— Ça vous est arrivé ?

— Oui. Je l'ai épousée. Nous sommes restés mariés vingt ans. **Tous les deux ans**, nous étions en visite dans sa famille. Je l'avais ramenée avec moi en Australie, mais son pays lui manquait.

— Pourquoi **détestez**-vous autant les Français si vous en avez épousé une ?

— Parce que j'y retourne justement pour **signer** les papiers de divorce ! Je vous aurai **prévenu** ! N'y allez pas ! Vous allez **tomber sous le charme**, vous faire séduire, et ensuite on vous brisera le cœur. Ce pays est monstrueux !

– OK… J'essaierai de **me tenir à l'écart** des horribles femmes françaises alors.

– Et n'oubliez pas : les kangourous…

– … et les crocodiles. J'ai bien noté !

Hugh se rassied bien au fond de son siège et remet ses **écouteurs** sur sa tête. Il a maintenant un grand sourire.

Il est vraiment de plus en plus heureux d'aller en France.

Résumé de l'histoire

Hugh est un jeune Australien qui monte à bord d'un avion en direction de Paris. Il va découvrir la France, dont on lui a tant parlé, pour la toute première fois. Il est impatient et ravi. Son voisin de siège grincheux décide de lui faire la conversation et de discuter avec lui de son expérience personnelle de la France. Il va essayer de freiner l'enthousiasme de Hugh en lui disant tout le « bien » qu'il pense des Français...

Summary of the Story

Hugh is a young Australian tourist boarding a plane on its way to Paris. He had heard so many stories about France and is very excited that he will finally get to see it for himself. He is simply delighted. At some point, the grumpy man seated next to him decides to start a conversation and shares his personal experience about France. He will try to cool down Hugh's burning excitement by telling him how he feels when it comes to French people...

Vocabulary

- **à bord** : on board
- **à moitié** : half
- **admirer** : to admire
- **adorer** : to adore
- **aéroport** : airport
- **affaires** : things, belongings
- **antipathique** : unpleasant, unfriendly
- **au bout** : after, at the end of
- **avion** : plane
- **campagne** : countryside
- **chose** : thing
- **compartiment** : compartment
- **complet / complète** : full, complete
- **connaissez** : connaître – to know
- **content / contente** : happy, pleased
- **correspondance** : connection
- **décollage** : take-off
- **découvrir** : to discover
- **dérange** : déranger – to disturb, to annoy
- **destination** : destination
- **détestez** : détester – to hate
- **dommage** : what a pity
- **écouteurs** : headphones
- **endormi / endormie** : asleep
- **étranger** : stranger, foreigner
- **extraordinaire** : extraordinary, out of the ordinary
- **faire la conversation** : to make conversation
- **gâché / gâchée** : wasted, ruined
- **jeune** : young
- **kangourou** : kangaroo
- **lieu** : place, location
- **mise en garde** : warning
- **nombreux / nombreuse** : numerous, many, plenty
- **obligé / obligée** : forced
- **paysage** : landscape
- **photographier** : to take pictures
- **pire** : worst
- **plaisir** : pleasure

- **plein à craquer :** totally full
- **prend place :** prendre place – to take a seat
- **prévenu/prévenue :** warned
- **sans doute :** without any doubt
- **se disputer :** to fight
- **se tenir à l'écart :** to stand apart
- **signer :** to sign
- **survolté :** overexcited
- **sympathique :** friendly
- **tomber amoureux :** to fall in love
- **tomber sous le charme :** to fall under the spell
- **tous les deux ans :** every two years
- **tout le monde :** everybody
- **vol :** flight

Questions About the Story

1. Hugh met ses affaires…

    a) dans le comportement
    b) dans le compartiment
    c) dans le contenant

2. L'avion est…

    a) complet
    b) à moitié vide
    c) à moitié plein

3. Combien de fois le voisin de Hugh a-t-il visité la France ?

    a) 2 fois
    b) 20 fois
    c) 10 fois

4. Qu'est-ce que les Français adorent par-dessus tout selon le passager ?

    a) se disputer
    b) les restaurants
    c) la campagne

5. Le voisin de Hugh va en France pour…

    a) se marier
    b) les affaires
    c) divorcer

Answers

1) B
2) A
3) C
4) A
5) C

CONCLUSION

Hello again, reader!

We hope you've enjoyed our stories and the way we've presented them. Each chapter, as you will have noticed, was a way to practice a language tool which you will regularly use when speaking French. Whether it's Verbs, Pronouns or Simple Conversations, the French language has a great essence of grammar which can be just as challenging to learn as it can be entertaining.

Never forget: learning a language doesn't *have* to be a boring activity if you find the proper way to do it. Hopefully we've provided you with a hands-on, fun way to expand your knowledge in French and you can apply your lessons to future ventures.

Feel free to use this book further ahead when you need to go back to remembering vocabulary and expressions — in fact, we encourage it.

Believe in yourself and never be ashamed to make mistakes. Even the best can fall; it's those who get up that can achieve greatness! Take care!

Printed in Great Britain
by Amazon